RENDSBURG
in dunklen Tagen

Hauptkommissar a. D. K. W. Jöhnk
Kriminaloberrat a. D. Bodo Scibbe

Geschichten und Krimis, die das Leben schrieb

Verlag Heinrich Möller Söhne GmbH & Co. KG, Rendsburg

ISBN 3-87550-063-6

Layout: Waldemar Burghardt

Fotos und Zeichnungen:
Landeszeitung-Archiv, Privatbesitz

Lithos: Nordklischee KG, Rendsburg

Gesamtherstellung:
Druckerei Heinrich Möller Söhne GmbH & Co. KG, Rendsburg

1986

Inhaltsverzeichnis

Ein Schreibtisch kommt nach Rendsburg . . . 7
Oberst Christiansen . . . 9
Drei tote Babys . . . 14
Fliegerangriff . . . 14
Frische Fische . . . 20
Buttermilch-Liese . . . 20
Zeiterscheinungen . . . 21
Mutter Schrum . . . 22
Tieffliegerangriff . . . 23
Zuckerschiff . . . 23
Rendsburgs Ende? . . . 24
Waffenruhe in Schleswig-Holstein . . . 30
Aufruf an die Bevölkerung des Kreises Rendsburg! . . . 31
Ein tragischer Unglücksfall . . . 31
Retter der Stadt . . . 32
Heinrich Röschmann . . . 32
Die Briten kommen . . . 34
Major Lamb und die Kriminalpolizei . . . 35
Oberst Christiansen verliert seinen Schreibtisch . . . 36
Die neuen Besitzer . . . 36
Polizeibeamte ohne Bleibe . . . 37
Sabotage? . . . 37
Alltag unter der Besatzungsmacht . . . 39
Gerechtigkeit . . . 40
Die Kriegskasse . . . 41
Waffen bereiten Sorgen . . . 42
Schwarzhandel . . . 43
Uniformverbot . . . 45
Bluttat . . . 46
Mord aus Eifersucht . . . 47
Der Todesschütze . . . 48
Ein Schreibtisch bestimmt ein Schicksal . . . 50
Rückkehr in die Moltkestraße . . . 54
Die Blutgruppentätowierung . . . 55
Bandenverbrechen . . . 56
Fünffacher Mord auf Gut Bossee . . . 57
Ehrenvolle Entlassung . . . 59
Harte Zeiten für die Polizei . . . 62
Gewagtes Spiel . . . 64
Leichenfund . . . 68

„Wiedergutmachung" 71
Rückblick 72
Eine Entnazifizierung 75
„Mörder" auf der Drehbrücke 76
Der Sänger vom Paradeplatz 77
War es Phosphor? 78
„Heil Hitler" 79
Währungsreform 80
Abschied von Major Lamb 81
Die Maus 81
SS-Mann wider Willen 82
„Liebesdienste" 83
Unter falschem Verdacht 84
Störenfriede 85
Vatermord 86
Vermißte britische Flieger 89
Neuorganisation der Polizei 90
Das Attentat 90
Neuer Kriegsausbruch 91
Straßenraub 92
Letzter Fall und Abschied 92

Ein Schreibtisch kommt nach Rendsburg

Preußen und Österreich beenden am 26. Juli 1866 ihren erbitterten Kampf um Schleswig-Holstein. Die Waffen ruhen. Eine Vereinbarung wird getroffen, der schließlich der Friedensvertrag zu Prag folgt. Unter vielem anderen muß Österreich auf seine Anrechte in beiden Herzogtümern verzichten. Schleswig-Holstein wird damit am 12. Januar 1867 preußische Provinz, 1876 wird Lauenburg angegliedert. Der Ausspruch Bismarcks in der Neujahrsnacht 1864 „De up ewig Ungedeelten müssen einmal Preußen werden!" hat sich erfüllt. In Rendsburg beginnt eine wirtschaftliche Blütezeit. Die Vorbereitungen für den Bau des Nord-Ostsee-Kanals nehmen Formen an. Viele Menschen reisen nach Rendsburg, um hier einen Arbeitsplatz zu finden oder gar das große Geld zu machen. Kasernen schießen wie Pilze aus der Erde. Neben der einheimischen Bevölkerung beherbergt Rendsburg nun auch zahlreiche „Fremdarbeiter" und, wie bereits Tradition, Soldaten, darunter das Infanterie-Regiment 85. Die Stadt wird zu einer großen preußischen Garnison.

Da das Leben nicht nur aus aus Dienst und Arbeit besteht, nutzen Schankwirte, Kaufleute und „leichte Mädchen" ihre Chance. Zwischen König- und Materialhofstraße entsteht ein Vergnügungsviertel, im Volksmund „Köminsel" genannt. Hier erhält der Hungrige nach Herzenslust Essen, der Durstige Alkohol in fast jeder Form, der Tanzlustige Musik, wie er sie sich wünscht, und der „Bedürftige" käufliche oder freie Liebe.

Das Infanterie-Regiment 85 errichtet in der Moltkestraße 9 ein Offizierscasino, das die Preußen um die Jahrhundertwende mit viel Aufwand, zackiger Marschmusik, Fahnen und schneidiger Parade einweihen. Über dem Portal des Casinos prangen in schmiedeeiserner Arbeit die Worte:

„Es lebe hoch das Regiment,
das sich stolz Herzog von Holstein nennt!
Infanterie-Regiment 85"

Die Einrichtung des Gebäudes erfolgt völlig unbeobachtet. Neben anderen Möbelstücken schaffen Transporteure unter großer Kraftanstrengung einen riesigen Schreibtisch, den zwei Männer kaum heben können, in das nüchterne, mit hölzernen Wandregalen ausgestattete Eckzimmer an der Nordwestseite des Casinos. Er besteht aus massivem Holz, hat eine gewaltige Arbeitsplatte, darunter links und rechts je eine doppelt hohe Schublade und im Mittelbereich ein von oben nicht sichtbares Bord, das unliebsame Akten oder anderes

Soldaten des Infanterie-Regiments 85

aufnehmen kann. Das Ganze steht auf zwei mächtigen angerundeten Beinen.

Über Ereignisse oder Personen, die mit dem Schreibtisch in der Folgezeit bis 1942 in Verbindung zu bringen sind, ist nichts bekannt. Hohe Militärs mögen hier ihre verantwortungsvolle Arbeit verrichtet, endlose Akten gewälzt und lebenswichtige Entscheidungen getroffen haben. Das Offizierscasino wird während seiner Benutzungszeit unterschiedlich verwendet.

Oberst Christiansen

1942 übernimmt Oberst der Luftwaffe Carsten Christiansen als Kommandeur des Wehrbezirkskommandos Rendsburg im Casino den Schreibtisch. Er ist ein Soldat von großer, kräftiger Statur, mit ausgeprägtem Gerechtigkeitssinn. Was ihn besonders auszeichnet, ist sein Gefühl für Menschlichkeit.

Die ersten Monate des Jahres 1945 brechen an. Sie sind zugleich die letzten des Zweiten Weltkrieges. Der Hunger geht um. Es gibt kaum noch Heizmaterial. Die kriegsverwendungsfähigen Männer stehen an den Fronten. Ein Teil der jungen, arbeitsfähigen Frauen befindet sich als Wehrmachtshelferinnen im Einsatz bei Heer, Kriegsmarine und Luftwaffe oder als Krankenschwestern in Lazaretten. Die noch verbleibenden müssen zum Arbeitseinsatz in den Osten hinter die Hauptkampflinien, um dort Panzergräben auszuheben, die vordringende feindliche Truppen aufhalten sollen. Die letzten noch in Rendsburg befindlichen wehrfähigen Männer im Alter von 16 bis 60 Jahren werden auf Grund eines Erlasses Adolf Hitlers über die Bildung eines deutschen Volkssturms vom 25. September 1944 als Soldaten einberufen, um „den Heimatboden mit Waffen und Mitteln zu verteidigen“.

Oberst der Luftwaffe Carsten Christiansen

Großes Leid zieht in viele Rendsburger Familien durch die Nachricht ein, daß der Ehemann oder Vater, der Bruder oder der Sohn bei einem Feindeinsatz auf dem Felde der Ehre für Führer,Volk und Reich sein Leben gelassen hat.

Um den vorrückenden Feind zu stoppen, fordert Adolf Hitler jeden Deutschen auf, mit äußerster Kampfentschlossenheit und Hingabe um den Bestand des Reiches zu ringen. „Wer versucht“, so Adolf Hitler, „sich seinen Pflichten gegenüber der Allgemeinheit zu entziehen, insbesondere wer dies aus Feigheit oder Eigennutz tut, wird sofort mit der notwendigen Härte zur Rechenschaft gezogen, damit nicht aus dem Versagen eines einzelnen dem Reich Schaden erwächst.“

Um diesem Appell auch die nötige Durchschlagskraft zu verleihen, befiehlt Hitler am 15. Februar 1945 in einer Verordnung über die Errichtung von Standgerichten folgendes wörtlich:

„I. In feindbedrohten Reichsverteidigungsbezirken werden Standgerichte gebildet.

II. 1. Das Standgericht besteht aus einem Strafrichter als Vorsitzender sowie einem politischen Leiter oder Gliederungsführer der NSDAP und einem Offizier der Wehrmacht, der Waffen-SS oder der Polizei als Beisitzender.

2. Der Reichsverteidigungskommissar ernennt die Mitglieder des Gerichts und bestimmt einen Staatsanwalt als Anklagevertreter.

III. 1. Die Standgerichte sind für alle Straftaten zuständig, durch die die deutsche Kampfkraft oder Kampfentschlossenheit gefährdet sind.

2. Auf das Verfahren finden die Vorschriften der Strafprozeßordnung sinngemäß Anwendung.

IV. 1. Das Urteil des Standgerichts lautet auf Todesstrafe, Freisprechung oder Überweisung an die ordentliche Gerichtsbarkeit. Es bedarf der Bestätigung durch den Reichsverteidigungskommissar, der Ort, Zeit und Art der Vollstreckung bestimmt.

2. Ist der Reichsverteidungskommissar nicht erreichbar und sofortige Vollstreckung unumgänglich, so übt der Anklagevertreter diese Befugnis aus.

V. Die zur Ergänzung, Änderung und Durchführung dieser Verordnung erforderlichen Vorschriften erläßt der Reichsminister der Justiz im Einvernehmen mit dem Reichsminister des Innern und dem Leiter der Parteikanzlei.

VI. Diese Verordnung tritt mit ihrer Verkündung in Presse und Rundfunk in Kraft."

Am 1. April 1945 versetzt die Kriminalpolizei Kiel den Kriminalbeamten Karl Wilhelm Jöhnk nach Rendsburg und beauftragt ihn mit der Leitung der Kriminalpolizei in seiner Heimatstadt. Jöhnk ist schwer verwundet vom Osteinsatz in die Heimat transportiert worden und nicht mehr kriegsverwendungsfähig.

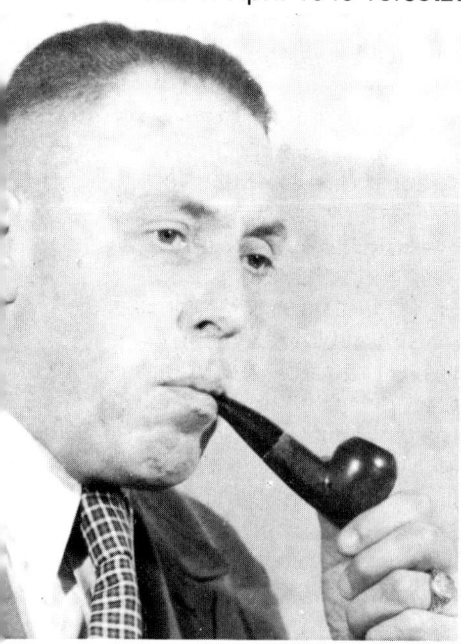

Kriminalbeamter Karl Wilhelm Jöhnk

Die alliierten Truppen rücken im Osten und Westen über die Reichsgrenzen vor und besetzen deutsches Hoheitsgebiet. Die Hoffnung auf Wunderwaffen, die Hitler in seinen Reden immer wieder in Aussicht stellt, schwindet auch bei den vielen „Nochüberzeugten" dahin. Damit erlahmt auch der Glaube an einen Endsieg.

20. März 1945: Adolf Hitler gibt den sogenannten Zerstörungsbefehl, nach dem alle Mittel auszunutzen sind, die Kampfkraft des Feindes zu schwächen und sein weiteres Vordringen zu behindern.

Hitler erklärt:

„Alle Möglichkeiten, der Schlagkraft des Feindes unmittelbar oder mittelbar den nachhaltigsten Schaden zuzufügen, müssen ausgenutzt werden. Es ist ein Irrtum zu glauben, nicht zerstörte oder nur kurzfristig gelähmte Verkehrs-, Nachrichten-, Industrie- und Versorgungsanlagen bei der Rückgewinnung verlorener Gebiete für eigene Zwecke wieder in Betrieb nehmen zu können. Der Feind wird bei seinem Rückzug nur eine verbrannte Erde zurücklassen und jede Rücksichtnahme auf die Bevölkerung fallen lassen."

Adolf Hitler ordnet dazu an:

„1. Alle militärischen Verkehrs-, Nachrichten-, Industrie- und Versorgungsanlagen sowie Sachwerte innerhalb des Reichsgebietes, die sich der Feind für die Fortsetzung seines Kampfes irgendwie sofort oder in absehbarer Zeit nutzbar machen kann, sind zu zerstören.

2. Verantwortlich für die Durchführung dieser Zerstörung sind die militärischen Kommandobehörden für alle militärischen Objekte einschließlich der Verkehrs- und Nachrichtenanlagen; die Gauleiter und Reichsverteidigungskommissare für alle Industrie- und Versorgungsanlagen sowie sonstige Sachwerte. Den Gauleitern und Reichsverteidigungskommissaren ist bei der Durchführung ihrer Aufgabe durch die Truppe die notwendige Hilfe zu leisten.

3. Dieser Befehl ist schnellstens allen Truppenführern bekanntzugeben, entgegenstehende Weisungen sind ungültig."

Der Zerstörungsbefehl stößt bei der gegebenen Kriegslage sogar in den eigenen Reihen auf Unverständnis. Rüstungsminister Albert Speer gibt dem Führer in einer Denkschrift vom 18. März 1945 den Rat, vom Vollzug seines Befehls abzusehen.

Die Entgegnung Hitlers: „Wenn der Krieg verlorengeht, wird auch das Volk verloren sein. Dieses Schicksal ist unabwendbar. Es ist nicht notwendig, auf die Grundlagen, die das Volk zu einem primitiven Weiterleben braucht, Rücksicht zu nehmen. Im Gegenteil ist es besser, selbst diese Dinge zu zerstören, denn das Volk hätte sich als das schwächere erwiesen, und dem stärkeren Ostvolk gehört dann ausschließlich die Zukunft. Was nach dem Kampf übrig bleibt, sind ohnehin nur die Minderwertigen, denn die Guten sind gefallen!"

Der Zerstörungsbefehl gelangt auch auf den Schreibtisch von Oberst Christiansen. Er muß sich an die Anordnung gebunden fühlen. Für die Stadt Rendsburg bedeutet dieser Befehl die Sprengung der Hochbrücke, der Drehbrücke, der Anlagen der Schleswig-

Holsteinischen Stromversorgung, aller Magazine mit Lebensmitteln und sonstigen Gütern und zahlreicher weiterer Objekte.

Auch der Direktor der Schleswig-Holsteinischen Stromversorgung, Dipl.-Ing. Hans-Georg Schweppenhäuser, erkennt die Auswirkungen eines Vollzugs des Zerstörungsbefehls. Schweppenhäuser gehört mit dem Verleger Ferdinand Möller, dem Verlagsdirektor der Schleswig-Holsteinischen Landeszeitung, Günter Behschnitt, Studienrat Adolf Steckel, Pastor Johannes Iversen, Landwirtschaftsrat Otto Clausen und anderen zu einem zivilen Kreis, der sich auf Grund einer übereinstimmenden Ablehnung des nationalsozialistischen Regimes zusammenfindet. Man trifft sich unauffällig von Zeit zu Zeit und tauscht Informationen aus. Ein vertrauensvoller Kontakt entwickelt sich zu Oberst Christiansen erst, als der Zerstörungsbefehl bekannt wird. Als Verbindungsmann zwischen sich und dem zivilen Kreis bestimmt Oberst Christiansen den Major Hahn vom Wehrbezirkskommando. Schnell ist man sich darüber einig, daß alles Denkbare unternommen werden muß, um die Vernichtung Rendsburgs zu verhindern.

Zu dieser Zeit wälzen sich durch die Straßen Rendsburgs endlose Flüchtlingsströme in Richtung Norden. Die meisten Flüchtlinge kommen aus Ostpreußen und Pommern. Sie führen nur das bei sich, was sie tragen können. Familien werden auseinandergerissen. Viele überleben die Strapazen nicht und werden neben der Straße verscharrt. Mehr Zeit bleibt für eine Bestattung nicht. Der Treck muß weiterziehen. Die Angst vor den nachfolgenden Russen ist zu groß. Er sitzt den Fliehenden im Nacken. Nicht alle haben die Möglichkeit, sich einem Treck anzuschließen. Eine Augenzeugin berichtet, daß sie sich Mitte Januar 1945 mit Tochter und Enkelsohn aus ihrem Heimatort in Ostpreußen gemeinsam mit den Nachbarn vor den anrückenden russischen Soldaten zum Westen absetzen wollte. Man hat ein altes Kraftfahrzeug fahrbereit gemacht, doch die Reise ist bereits an der Ortsgrenze zu Ende. Dort stehen deutsche Soldaten und lassen niemanden mehr aus der Ortschaft. Vermutlich sollen die Straßen für die zurückflutenden deutschen Einheiten frei bleiben. Die drei Ostpreußen fahren wieder nach Hause und verbarrikadieren sich im Keller. Der Geschützdonner von der Front wird immer lauter. Einige Tage später verläßt die Augenzeugin den Keller und stellt fest, daß die Russen die Ortschaft bereits besetzt haben. Die russischen Soldaten dringen in das Versteck im Keller ein und vergehen sich brutal an der Tochter. Am nächsten Tag selektieren die Russen die noch im Ort verbliebenen Deutschen. Die Älteren und die Kinder können nach Hause. Die jungen, arbeitsfähigen weiblichen Deutschen stellen die Russen zu einem Arbeitskommando zusammen. Es entsteht der Eindruck, daß die Frauen im Ort beim russischen Militär Arbeiten verrichten sollen und abends wieder nach Hause dürfen. Das Arbeitskommando marschiert ab und wird nie mehr gesehen. Später, als die Tochter 1950 aus russischer Gefangenschaft entlassen wurde, findet sie ihre Mutter über das Rote Kreuz in Rendsburg wieder. Sie hatte in Gefangenschaft aus primitivem Material für ihren Jungen etwas gestrickt und freut sich auf den Augenblick der ersten Begegnung nach dem Krieg mit ihrem Sohn; denn nur der Gedanke an ihn ließ sie die Gefahren, den Hunger und die Strapazen in Rußland überleben. Erschüttert und am Ende ihrer psychischen und physischen Kraft muß sie zur Kenntnis nehmen, daß ihr Sohn noch in Ostpreußen an Hungertyphus gestorben ist und von seiner Großmutter beigesetzt wurde. Dies war kein Einzelschicksal.

Als der Fluchtweg nach Dänemark verstopft und ein Weiterkommen der Trecks nicht mehr möglich ist, nimmt Rendsburg eine unübersehbare Anzahl von Flüchtlingen auf. In Schulen, Turnhallen und größeren Geschäften werden Unterkünfte geschaffen. Daneben richtet die Stadt Notlazarette ein, in denen etwa 5000 verwundete deutsche Soldaten stationär versorgt werden. Rendsburg ist überbevölkert. Nirgends ist mehr Platz zu finden. Um die vielen Menschen unterbringen zu können, muß die Stadt die Wohnungen der Bürger erfassen und nach einem bestimmten Schlüssel belegen. Jedem Wohnungsinhaber wird nur ein begrenzter Wohnraum zugebilligt. Die ihm nicht zustehenden Räumlichkeiten belegt die Stadt mit Flüchtlingen. Nicht nur die Raumenge, sondern auch die Lebensmittelknappheit führt zu Not und Elend, weil die zugeteilten Rationen nicht ausreichend sind. Das Ernährungs- und Wirtschaftsamt gibt an die Bevölkerung Kleiderkarten für Textilien und Schuhe sowie Bezugsscheine für Gegenstände des täglichen Bedarfs heraus; aber was nutzen diese, wenn es in den Geschäften nichts zu kaufen gibt? Auch das mit 3000 Häftlingen überbelegte Zuchthaus in Rendsburg, in dem sich zu lebenslanger Freiheitsstrafe Verurteilte, Sicherungsverwahrte, politische Gefangene und Vorbeugungshäftlinge befinden, bringt erhebliche Verpflegungsprobleme mit sich. Hinzu kommen noch 2000 Luftwaffenhelferinnen, die in der Flak-Kaserne untergebracht sind.

Nördlich von Rendsburg haben sich an der Sorge große Truppeneinheiten der deutschen Wehrmacht gesammelt. Sie kampieren unter freiem Himmel.

12. April 1945 gibt das Oberkommando der Wehrmacht aus dem Führerhauptquartier bekannt:

„Städte liegen an wichtigen Verkehrsknotenpunkten. Sie müssen daher bis zum äußersten verteidigt und gehalten werden, ohne jede Rücksicht auf Versprechungen und Drohungen, die durch Parlamentäre oder feindliche Rundfunksendungen überbracht werden.

Für die Befolgung dieses Befehls sind die in jeder Stadt ernannten Kampfkommandanten persönlich verantwortlich. Handeln sie dieser soldatischen Pflicht zuwider, so werden sie wie alle zivilen Amtspersonen, die den Kampfkommandanten von dieser Pflicht abspenstig zu machen versuchen oder ihn gar bei der Erfüllung seiner Aufgabe behindern, *zum Tode verurteilt.* Ausnahme von der Verteidigung von Städten bestimmt ausschließlich das Oberkommando der Wehrmacht."

In dieser Zeit kommt es auch zu Ereignissen, die für einen Menschen, der sie nicht miterlebt hat, kaum vorstellbar sind. Sie können nur unter Berücksichtigung der Gesamtsituation dieser Zeit beurteilt werden.

Drei tote Babys

Das Collosseum am Schloßplatz ist vollgestopft mit Flüchtlingen. Dr. med. Horst Lobien wird im April 1945 dorthin zu einem angeblichen Notfall gerufen. Er findet drei neugeborene tote Kinder in den Bodenräumen vor. Die Kriminalpolizei ermittelt und vernimmt die drei jungen Mütter. Sie sollen dem Fürsorgeamt der Stadt überstellt werden, doch das gibt es in Rendsburg nicht mehr. Schließlich bekommen die drei Frauen die Auflage, sich für weitere Sozial- und Strafverfolgungsmaßnahmen zur Verfügung zu halten. Eines der Mädchen flüchtet. Was aus den dreien geworden ist, wird nicht bekannt. Jedenfalls erfolgt eine Verurteilung wegen Kindestötung nicht. Es steht weder ein Ankläger noch ein Richter zur Verfügung.

Fliegerangriff

Der 23. April 1945 verläuft in Rendsburg zunächst ruhig. Jeden beschäftigen die eigenen Probleme. Abends, wenn die Bürger in ihren Wohnungen das Licht einschalten, sind sie bestrebt, keinen Lichtschein nach draußen fallen zu lassen. Feindlichen Flugzeugen soll schließlich keine Orientierungshilfe gegeben werden. Die Fenster der Wohnungen werden mit schwarzen Rollos und die Glasfüllungen der Türen mit Decken oder anderem Material verdunkelt. Polizeibeamte achten bei ihrer Streife darauf, daß jeder seiner Verdunkelungspflicht nachkommt. Die Straßenbeleuchtung ist nicht

Grafenstraße nach einem Luftangriff am 23. April 1945

eingeschaltet. Die mit weißem Farbstoff angestrichenen Kantsteine am Rand der Fahrbahnen sind in der Dunkelheit schwer erkennbar. Vereinzelt fahren Kraftfahrzeuge der Wehrmacht durch die Stadt. Die Scheinwerfer dieser Fahrzeuge sind durch eine Kappe abgedeckt. Lediglich durch einen kleinen Schlitz fällt etwas Licht auf die Fahrbahn. Auch die Fahrer wollen von feindlichen Flugzeugen nicht ausgemacht werden. In den Abend- und Nachtstunden sind auf den

Auf Handwagen werden am Tag nach dem Angriff letzte Habseligkeiten abgefahren. Ein dokumentarisches Foto aus jenen Tagen

Straßen Rendsburgs kaum Leute zu sehen. Man beschäftigt sich mit Hausarbeit und hört dabei Radio.

Am 23. April 1945 wird um 22 Uhr im Rundfunk die Musik unterbrochen. Ein Geräusch setzt ein, es klingt wie das Ticken einer alten Uhr. Ein Ansager gibt monoton bekannt: „Voralarm für den norddeutschen Luftraum. Feindliche Flugverbände über der Deutschen Bucht im Anflug auf Schleswig-Holstein." Wieder setzt das tickende Geräusch ein. Die Voralarmmeldung läuft auch vom Luftschutzwarndienst Kiel über Telefon zum Alten Rathaus der Stadt Rendsburg. Der Telefonist Hannes Möller nimmt sie entgegen. Es ist nun seine Aufgabe, den stellvertretenden Bürgermeister Heinrich Röschmann, Hein Öl genannt, Revierhauptmann der Polizei Paul Gosch und seine Beamten, die Feuerlösch- und Luftschutzpolizei, den Sanitätsdienst, den Bauamtsleiter, den Verantwortlichen für Gas und Elektrizität und weitere Personen zu verständigen. Die Alarmierten begeben sich schnellstens zum Stadttheater. Sie suchen von der Seite des Wiggersplatzes die Luftschutzräume im Keller des Gebäudes auf. Dort sind auch die Luftschutzbefehlsstelle und die Polizeiwache in einem Raum untergebracht. Auf dem Weg dorthin begegnen ihnen viele Bürger Rendsburgs, die mit ihrer wichtigsten Habe aus dem bebauten Stadtgebiet in die nähere Feldmark eilen, um dort einem Fliegerangriff zu entgehen. Ein Großteil der Bevölkerung sucht im Gerhardshain oder an anderen günstigen Orten außerhalb des Stadtgebietes den erstrebten Schutz. Die bei Rendsburg liegenden Abwehrkräfte, denen der Einsatz der hier stationierten Sperrballons obliegt, lassen diese an langen Stahlseilen in den Luftraum und sichern damit wichtige Objekte, wie zum Beispiel die Hochbrücke. Plötzlich heulen die Sirenen: „Fliegeralarm!" Der laute auf- und abschwellende Ton verursacht bei manchem bereits eine Gänsehaut. Jeder denkt: „Hoffentlich sind wir diesmal nicht dabei." In der Lufteinsatzstelle herrscht reges Treiben. Zwei Polizeibeamte müssen, wie bei jedem Fliegeralarm, in die Spitze des Turms der Marienkirche klettern. Sie tun es mit einem merkwürdigen Gefühl in der Magengegend. In dem Kirchturm steht ein Feldtelefon mit einer Direktverbindung zur Luftschutzbefehlsstelle. Aufgabe der beiden Beamten ist die Beobachtung des Luftraumes über Rendsburg. Die hierbei gewonnenen Erkenntnisse haben sie sofort der Einsatzstelle fernmündlich zu berichten. Gegen 22.50 Uhr teilt der Ausguckposten von der Marienkirche mit, daß feindliche Flugzeuge an verschiedenen Stellen über Rendsburg „Weihnachtsbäume" setzen. Diese bestehen aus einem Bündel von stark wirkenden Leuchtkugeln, die in der Luft, je nach Windstärke, fast stehen und das Landgebiet unter sich gut ausleuchten. Normalerweise werden sie dort eingesetzt, wo nachfolgende feindliche Bomberverbände ein gutes Sichtfeld in der Dunkelheit haben sollen, um ihre todbringende Bombenlast zielsicher abwerfen zu können. Die an der Peripherie von Rendsburg eingesetzten Flakbatterien schießen, was die Rohre halten. Lichtstrahlen von riesigen Scheinwerfern tasten wie weiße Leichenfinger den Himmel nach gegnerischen Flugzeugen ab. Es herrscht ein ohrenbetäubender Lärm. Um 23 Uhr wird der Krach durch einzelne starke Detonationen übertönt. Die Polizeibeamten von der Marienkirche melden Bombenabwürfe im Stadtgebiet. So schnell wie der „Spuk" gekommen ist, geht er auch wieder vorüber. Sofortige Feststellungen ergeben, daß an mehreren Stellen Rendsburgs Bomben gefallen sind. Aus den Ausmaßen der Einzelschäden wird geschlossen, daß es sich vorwiegend um Luftminen gehandelt haben muß. 20 Tote und zahlreiche Verletzte sind zu beklagen. Erhebliche Sachschäden entstehen bei der Heeresbäckerei in der Kaiserstraße, in der Herrenstraße, Baronstraße, Eckernförder Straße, Hermann-Göring-Straße (Flensburger Straße), in der Sanitätsbaracke auf dem Spülfeld und im Gravensteiner Weg. Von den Bürgern, die nach dem Luftangriff ins Krankenhaus eingeliefert werden, sterben noch einige. In den amtlichen Unterlagen der Kriminalpolizei Rendsburg heißt es zur Frage der Todesursache lapidar: „Tödliche Verletzungen durch Bombenabwurf!" Einige Bomben explodieren nicht. Diese Blindgänger findet man bei Hansens Gasthof, in der Rosenstraße, auf der Hochbrücke und an anderen Stellen. Ein Teil der Bismarckstraße muß wegen der Gefahr, die von den Blindgängern ausgeht, bis zur Bombenentschärfung von den Anwohnern geräumt werden. Auch die Hochbrücke wird für die Zeitdauer der Entschärfung für den Eisenbahnverkehr gesperrt. Die Bomben werden von Spezialisten unschädlich gemacht, unterstützt von Zuchthäuslern, die einsitzen, um eine lebenslängliche Freiheitsstrafe zu verbüßen. Während die äußerst gefährliche Arbeit der Feuerwerker zu ihren soldatischen Pflichten gehört, haben sich die Zuchthäusler zu dieser Tätigkeit freiwillig gemeldet, um eine bessere Verpflegung zu bekommen, und weil es für sie eine Abwechslung in ihrem eintönigen Zellenleben ist. Ihre Aufgabe ist es, die Blindgänger freizulegen. Erst dann kann der Spezialist mit der eigentlichen Entschärfung beginnen. Zahlreiche dieser Kommandos werden ein Opfer der heimtückischen Blindgänger, bei denen es sich auch um Bomben mit Zeitzünder handeln kann. Ein falscher oder grober Griff genügt und die Bombe explodiert. In diesem Fall hat die Entschärfungsmannschaft keine Überlebenschance. Eine der abgeworfenen Bomben liegt als Blindgänger im Bahndamm, dort wo die Hochbrücke endet und die Erdanschüttung für die Schleife der Reichsbahn auf Höhe der Haderslebener Straße beginnt. Die Bombe ist ins Erdreich eingedrungen. Sie muß zunächst freigelegt werden. Um sich die Arbeit auf der schrägen Fläche des Bahndammes zu erleichtern, baut das Einsatzkommando eine Stellage. Sobald die Bombe zugänglich ist, steigen zwei

Nur noch wenigen Rendsburgern sind die schweren Zerstörungen in Erinnerung, die der Luftangriff auf die Stadt im April 1945 forderte. Kaum bekannt ist auch die doch erhebliche Zahl an Todesopfern; konkret ist sie nie festgestellt worden

Feuerwerker in das ausgehobene Loch zu dem Blindgänger und beginnen mit ihrer Tätigkeit. Ein Mann der Luftschutzpolizei Kiel steht auf der Stellage und beobachtet die Arbeit. Plötzlich explodiert die Bombe mit einem gewaltigen Knall. Von den drei Männern findet man nur noch bis zur Unkenntlichkeit zerfetzte Leichenteile.

Frische Fische

In dieser Zeit durchfahren dänische Lastkraftwagen mit Fischladungen das Stadtgebiet Rendsburgs in Richtung Süden. Bei Fliegeralarm müssen die von Norden ankommenden Fahrzeuge beim „Grünen Kranz" bis zur Entwarnung abgestellt werden. Sofern sich die Fahrzeuge bereits in der Stadt befinden und sie nach Süden verlassen wollen, müssen sie unter den Bäumen bei der „Schweizer Halle", jetzt Parkplatz neben dem Hotel „Conventgarten", stehen bleiben. Die dänischen Laster transportieren Frischfische in Kisten, die auf der Ladefläche gestapelt sind und von einer starken Persenning geschützt werden. Einige Bürger merken bald, daß Aale, die dort längere Zeit in den Kisten liegen, einen Weg in die Freiheit finden. Sie verlassen ihre Behälter, schlängeln auf die Ladefläche, suchen eine Öffnung in dem Aufbau des Wagens und rutschen ins Freie. Doch dort stehen bereits pfiffige Rendsburger und nehmen sie in Empfang. Als diese Art der zusätzlichen Ernährungsbeschaffung bekannt wird, müssen Polizeibeamte die bei Fliegeralarm wartenden dänischen Transporter bewachen.

Buttermilch-Liese

Polizeibeamte gibt es in dieser Zeit genug. Da ist zunächst die Gemeindepolizei mit ihrem Leiter, dem Revierhauptmann der Polizei, Paul Gosch, und seine Mannen. Diese „Truppe" wird durch Hilfspolizisten aus der Bevölkerung verstärkt. Sie tragen auch Uniform und unterscheiden sich äußerlich nicht von dem Erscheinungsbild ihrer hauptamtlichen Kameraden. Daneben existiert noch die Kriminalpolizei Rendsburg als eine Außenstelle der Kriminalpolizei Kiel. Ihr Leiter ist seit dem 1. April 1945 Karl Wilhelm Jöhnk. Und dann sind da noch die Beamten der Geheimen Staatspolizei (Gestapo) in Rendsburg. Sie müssen herumspionieren und über ein möglichst gutes Gehör verfügen. Nach einem Gesetz hat die Gestapo die Aufgabe, alle staatsgefährlichen Bestrebungen im gesamten Reichsgebiet zu erforschen und zu bekämpfen. Bemerkenswert ist, daß die Verfügungen und Angelegenheiten der Gestapo keiner Nachprüfung durch andere Stellen unterliegen. Einer dieser Gestapo-Beamten hat sich in Rendsburg auf „Volksfeinde" spezialisiert, die ausländische Sender hören; seinerzeit ein ganz schweres Verbrechen, das der Volksverhetzung Vorschub leistet und mit hohen Freiheitsstrafen belegt wird. Ein Erfolgserlebnis hat dieser Gestapo-Mann im Jungfernstieg in der Bedürfnisanstalt gegenüber dem Deutschen Haus. Diese Einrichtung wird von einer Toilettenfrau betreut, der man den Namen „Buttermilch-Liese" gegeben hatte. Sie hört aber auch noch auf krassere Namen. Buttermilch-Liese mag gerne Radiomusik. Nach Gehör und mit Gefühl stellt sie die Sender mit den flottesten Weisen ein. Die Lautstärke dreht sie dabei soweit auf, daß auch die Straßenpassanten im Jungfernstieg von weitem die Radiosendungen hören können. Eines Tages ertönt wieder ganz tolle Musik. Unser Gestapo-Mann geht gerade gedankenverloren den Jungfernstieg vom Paradeplatz kommend in Richtung Stadttheater entlang. Auch er vernimmt die Musik, die plötzlich abbricht. Es ertönen wiederholt drei hintereinander folgende Paukenschläge. Es sind die ersten drei Takte von Beethovens 5. Symphonie. Eine kernige männliche Stimme sagt: „Germany calling! Germany calling! Germany calling!" Für den Gestapo-Mann gleicht diese Ankündigung eines britischen Senders einem Startschuß. Er hastet auf die Bedürfnisanstalt zu, reißt die Tür zum Vorraum der Damentoilette auf, springt zum dort befindlichen Radio und schaltet es aus. Buttermilch-Liese verfolgt die Aktion des unbekannten Mannes mit Erstaunen. Dieser weist sich als Angehöriger der Gestapo aus und will wissen, wie sie dazu käme, einen englischen Sender zu hören und dann auch noch die Leute auf der Straße teilhaben zu lassen. Die völlig verängstigte Frau kann nur ein paar unverständliche Worte stottern. Sie ist so überrascht, daß sie fast kein Wort herausbekommt, zumal ihr gar nicht bewußt ist, einen Feindsender eingestellt zu haben, der sich auf Nachrichtensendungen für Deutschland spezialisiert hat. Der Gestapo-Beamte beschlagnahmt das Gerät und nimmt es mit. Zu einem Strafverfahren gegen die Toilettenfrau kommt es nicht mehr. Das Kriegsende hat sie gerettet. Ihr geliebtes Radio erhielt sie später von der Kriminalpolizei Rendsburg wieder zurück.

Zeiterscheinungen

Ende April 1945 geht bei der Kripo der Befehl ein, die Geheimakten nach dem Marinegelände in Groß Nordsee, Kreis Rendsburg, zu bringen und dort zu verbrennen. Die Ausführung dieser Anordnung ist nicht möglich. Der Kripo steht zu dieser Zeit kein Kraftfahrzeug für den Transport der Unterlagen zur Verfügung. Schließlich verbrennt man sie auf dem Hof der Kriminalpolizei Rendsburg in der Mühlenstraße.

In dieser Zeit häufen sich auch die Kaninchendiebstähle in der Stadt. Intensive Ermittlungen führen zum Täter, einem Staatenlosen mit gutem Leumund aus der Mühlenstraße. Ihn verurteilt das Landgericht Kiel wegen dieses wiederholten Delikts, das er unter Ausnutzung der Dunkelheit ausführte, zum Tode durch Erschießen. Das Urteil wird noch im April 1945 vollstreckt.

Am 24. April 1945 greifen Tiefflieger einen Zug beim Bahnhof Rendsburg an. Der Zug, der mit Kohlen beladen ist, wird beschädigt. Er kann nicht weiterfahren. Der Kessel der Lokomotive hat ein Leck. Diese Situation spricht sich in Rendsburg schnell herum. In Windeseile rücken Bürger mit Eimern, Säcken, Handwagen und anderen Behältnissen an, um wenigstens etwas von den Brennstoffen zu ergattern. Die Bewachung des Zuges flüchtet unter dem massiven Druck der „Kohlenklauer". Als die alarmierte Polizei endlich am „Tatort" erscheint, sind die Eisenbahnwaggons mit der riesigen weißen Aufschrift „Räder müssen rollen für den Sieg" wie leergefegt.

Mutter Schrum

In der zweiten Hälfte des Monats April 1945 wird das Arbeitserziehungslager in Russee im Kreis Rendsburg aufgelöst. In diesem Lager sitzen Arbeitsverweigerer, politische Gefangene, staatenlose Personen mit „Vergangenheit" und Ausländer ein. Bei deren Räumung gelingt es vier Häftlingen zu fliehen. Die Gestapo leitet eine Sofortfahndung ein. Bei Schacht-Audorf werden die Flüchtlinge gestellt. Dabei erschießen die Einsatzkräfte zwei bei der erneuten Flucht. Die anderen beiden nehmen sie fest und liefern sie ins Polizeigefängnis in Rendsburg in der Wallstraße 24 ein. Betreuerin dieser Einrichtung ist Erna Schrum, genannt „Mutter Schrum". Für sie ist es ein Problem, die beiden Häftlinge zu verpflegen. Sie hat nur die wenigen Lebensmittel für sich zur Verfügung, die sie mit ihren Lebensmittelkarten kaufen kann. Die zugeteilten Rationen reichen nicht einmal, um den eigenen Hunger zu stillen. Sie sucht die entsprechenden Stellen in Rendsburg auf, die schließlich entscheiden, daß Bäckermeister Jürgen Thode vom Altstädter Markt für die Lieferung der Häftlingsverpflegung zu verpflichten ist. So kommt es, daß Mutter Schrum Abfälle aus der Backstube von Jürgen Thode erhält, um die Gefangenen nicht verhungern zu lassen. Gewiß wird jeder, der diese Zeit selbst nicht miterlebt hat, denken: „Abfälle aus einer Backstube? So etwas gehört doch bestenfalls in den Mülleimer!" Damals wäre der größte Teil der Bürger glücklich gewesen, wenn er einmal Backabfälle aus einer Bäckerei bekommen hätte. Als ein Geschenk des Himmels hätte man sie betrachtet und mit Heißhunger verschlungen. Die beiden Häftlinge dürfen sich in

Rendsburg vom Polizeigefängnis zu ihren jeweiligen Arbeitsstellen frei bewegen. Bei Kriegsende verschwinden sie mit unbekanntem Ziel.

Tieffliegerangriff

Am 25. April 1945 greifen feindliche Tiefflieger einen Militärzug aus Dänemark zwischen dem Bahnhof Bokelholm und der Ortschaft Bokel südlich von Rendsburg an. Es gibt viele Tote und Verletzte. An Bord des Zuges befinden sich auch wortkarge deutsche Militärpolizisten mit finsteren Gesichtern, „Kettenhunde" genannt. Sie tragen die beim Fliegerangriff ums Leben gekommenen Soldaten in die Waggons. Die getöteten Zivilisten legen sie neben die Eisenbahngleise auf den Schotter. Ohne nähere Erklärung durch die Militärpolizei setzt der Zug seine Fahrt fort. Feuerlöschpolizeiangehörige laden die Toten auf einen Lastwagen und bringen sie nach Rendsburg. Eine Leichenhalle, in der alle Verstorbenen hätten untergebracht werden können, gibt es hier nicht. Notgedrungen nutzt man die Turnhalle der Moltkeschule, die als Lazarett eingerichtet ist, zur vorläufigen Aufbahrung. Beamte der Kriminalpolizei versuchen, die einzelnen Toten zu identifizieren. Bei der Durchsuchung der zum Teil zerfetzten Leichen findet man nur bei einem sechzehnjährigen Schüler aus Wilhelmshaven die Personalpapiere. Von den anderen Toten nehmen die Kriminalbeamten Fingerabdrücke, fertigen Leichenbeschreibungen, sichern von ihren Bekleidungsstücken Textilproben für eine sogenannte Kleiderkarte und asservieren persönliche Sachen. Schließlich setzt man die Gefallenen auf dem Garnisonfriedhof am Nord-Ostsee-Kanal als namenlose Kriegsopfer bei. Einige können noch nach Kriegsende von ihren Angehörigen an Hand der sichergestellten Unterlagen identifiziert werden.

Zuckerschiff

Noch im selben Monat muß ein manövrierunfähiges Küstenmotorschiff, das den Nord-Ostsee-Kanal passieren will, bei Rendsburg zwischen der Reichskolonialfrauenschule (Kolo-Schule) und der Lotsenstation festmachen. Schnell spricht sich in Rendsburg herum: ein mit Zucker beladener Dampfer ist am Nordufer des Kanals „gestrandet". Es setzt eine Völkerwanderung dorthin ein. Alles, was Kenntnis und Beine hat, läuft mit Gefäßen zum „Zuckerschiff". Die Bürger bekommen trockenen Zucker für die Küche. Aber dann gibt es noch besonders „Umsichtige". Sie holen sich den naß gewordenen und zum Teil auch schon aufgelösten Zucker von Bord, um ihn anschließend in einem Destillierapparat verschwinden zu lassen. Das Endprodukt dieser Arbeit ist dann selbstgebrannter Schnaps, der hinter verschlossenen Türen produziert wird. Es stört die Schwarzbrenner nicht, daß sie mit ihrer Handlung gegen das Branntweinmonopolgesetz verstoßen und sich der Gefahr einer hohen Freiheitsstrafe aussetzen.

Rendsburgs Ende?

Oberst Christiansen hat inzwischen das Offizierscasino zum Gefechtsstand umgewandelt. Er muß als Standortältester zugleich die Aufgabe des Kampfkommandanten erfüllen. Alle Lagemeldungen des Oberkommandos der Wehrmacht und Berichte über besondere Vorkommnisse, die sich in Rendsburg oder der näheren Umgebung ereignen, laufen über den Schreibtisch aus „Kaisers Zeiten". Am 1. Mai 1945 geht das Amt des Kampfkommandanten von Oberst Christiansen an Oberstleutnant Liebermann über. Im Zuge der Absetzbewegungen deutscher Truppen vom Feind trifft das XVIII. Korps unter Führung von General Hans Gollnick im Kreis Rendsburg mit der Absicht ein, den Nord-Ostsee-Kanal von Brunsbüttel bis Holtenau zu verteidigen. Er selbst begibt sich mit seinem Stab in den Kreis Schleswig. Der Artilleriekommandeur des Korps, Oberst Patzak, verbleibt mit seinem Führungsstab in Rendsburg. Er übernimmt das Amt des Kampfkommandanten von Oberstleutnant Liebermann. Oberst Patzak ist beauftragt, Rendsburg in einen Verteidigungszustand zu versetzen. Die Division „Großdeutschland" ist ebenfalls in Rendsburg eingetroffen und stellt sich mit ihrer Schlagkraft dem neuen Kampfkommandanten zur Verfügung. Dieser bekommt vom Oberkommando der Wehrmacht den Befehl, mit der Korpsartillerie, der bodenständigen Artillerie und allen verfügbaren Truppen am Nord-Ostsee-Kanal eine Kampflinie aufzubauen und Rendsburg zu verteidigen. Die Bedenken, die der Kampfkommandant, Oberst Patzak, bei hohen Kommandostellen vorbringt, werden schroff zurückgewiesen. Mit der Division „Großdeutschland" sind auch Reste der Ministerien des Reiches und der Reichssicherheitsämter nach Rendsburg gekommen. Sie quartieren sich in der Kolo-Schule ein. Britische Truppen befinden sich zu dieser Zeit auf ihrem Vormarsch bereits in Neumünster. Generalmajor Wisselink hat ihnen die Stadt kampflos übergeben. Truppen zur Verteidigung der Stadt haben ihm nicht zur Verfügung gestanden. In Rendsburg ist es zu dieser Zeit verhältnismäßig ruhig. Nur einige Trecks und kleine

Truppenteile mühen sich durch die Straßen in Richtung Norden. Im Gefechtsstand in der Moltkestraße 9 geht es lebhaft zu. Dort befindet sich nach wie vor Oberst Christiansen als Standortältester. An seinem Schreibtisch werden heiße Debatten ausgefochten. Es geht um die Frage, ob die Stadt Rendsburg am Nord-Ostsee-Kanal verteidigt werden soll oder ob sie dem anrückenden Feind kampflos zu übergeben ist. Die Meinungen prallen hart aufeinander. Es bilden sich zwei Gruppen. Drei Bataillonskommandeure der Division „Großdeutschland", unterstützt von Offizieren anderer Wehrmachtsteile, vor allem der Waffen-SS, beabsichtigen, die Stadt am Kanal durch Einsatz aller greifbaren Soldaten und allen verfügbaren Kriegsmaterials zu halten. Ferner wollen sie alle wichtigen Objekte in Rendsburg und Umgebung sprengen. Sie berufen sich auf ihre Pflichten als deutsche Soldaten, die sich an ihren Eid für Führer, Volk und Reich gebunden fühlen, sowie auf die Führerbefehle über die Verteidigung deutscher Städte, den Zerstörungsbefehl und letztlich auf einen Tagesbefehl Hitlers, der gerade bekannt wird. In diesem heißt es wörtlich:

„Zum letztenmal ist der jüdisch-bolschewistische Todfeind mit seinen Massen zum Angriff angetreten. Er versucht Deutschland zu zertrümmern und unser Volk auszurotten. Ihr Soldaten aus dem Osten wißt zu einem hohen Teil heute bereits selbst, welches Schicksal vor allem den deutschen Frauen, Mädchen und Kindern droht. Während die alten Männer und Kinder ermordet werden, werden Frauen und Mädchen zu Kasernenhuren erniedrigt. Der Rest marschiert nach Sibirien. Wir haben diesen Stoß vorausgesehen, und es ist seit dem Januar dieses Jahres alles geschehen, um eine starke Front aufzubauen. Eine gewaltige Artillerie empfängt den Feind. Die Ausfälle unserer Infanterie sind durch zahllose neue Einheiten ergänzt. Alarmeinheiten, Neuaufstellungen und Volkssturm verstärken unsere Front. Der Bolschewist wird dieses Mal das alte Schicksal Asiens erleben, d. h. er muß und wird vor der Hauptstadt des Deutschen Reiches verbluten. Wer in diesem Augenblick seine Pflicht nicht erfüllt, handelt als Verräter an unserem Volk. Das Regiment oder die Division, die ihre Stellung verlassen, benehmen sich so schimpflich, daß sie sich vor Frauen und Kindern, die in unseren Städten dem Bombenterror standhalten, werden schämen müssen. Achtet vor allem auf die verräterischen wenigen Offiziere und Soldaten, die, um ihr erbärmliches Leben zu sichern, im russischen Solde, vielleicht sogar in deutscher Uniform, gegen uns kämpfen werden. *Wer Euch Befehl zum Rückzug gibt, ohne daß Ihr ihn genau kennt, ist sofort festzunehmen und nötigenfalls augen-*

blicklich umzulegen, ganz gleich, welchen Rang er besitzt. Wenn in diesen kommenden Tagen und Wochen jeder Soldat an der Ostfront seine Pflicht erfüllt, wird der letzte Ansturm Asiens zerbrechen, genau so, wie am Ende auch der Einbruch unserer Gegner im Westen trotz allem scheitern wird. Berlin bleibt deutsch, Wien wird wieder deutsch, und Europa wird niemals russisch. Bildet eine verschworene Gemeinschaft zur Verteidigung nicht des leeren Begriffes eines Vaterlandes, sondern zur Verteidigung Eurer Heimat, Eurer Frauen, Eurer Kinder und damit unserer Zukunft. In dieser Stunde blickt das ganze deutsche Volk auf Euch, meine Ostkämpfer, und hofft nur darauf, daß durch Eure Standhaftigkeit, Euren Fanatismus, durch Eure Waffen und unter Eurer Führung der bolschewistische Ansturm in einem Blutbad erstickt. Im Augenblick, in dem das Schicksal den größten Kriegsverbrecher aller Zeiten von dieser Erde genommen hat, wird sich die Wende dieses Krieges entscheiden.

Adolf Hitler.“

Diese Anordnung, die insbesondere für die deutschen Soldaten im Osten bestimmt ist, wird auch den Soldaten an den anderen Frontabschnitten bekanntgegeben und soll für sie ebenfalls bindend sein.

Zur zweiten Gruppe, die eine Vernichtung Rendsburgs verhindern will, gehören Oberst Christiansen, Major Hahn und, wenn auch mit einer gewissen Einschränkung, Oberst Patzak. Sie halten engen Kontakt zu dem zivilen Kreis um Hans-Georg Schweppenhäuser, der bereits im März 1945 und in der nachfolgenden Zeit mit hohen und höchsten militärischen und zivilen Dienststellen Kontakt aufnimmt, um Freunde und Entscheidungsgehilfen für die Verhinderung der Verteidigung der Stadt Rendsburg und der Zerstörung von Brücken, Anlagen der Schleswig-Holsteinischen Stromversorgung, des Hafens sowie von Werken und Depots zu gewinnen. Oberst Christiansen bedrückt diese Situation sehr. Er sitzt häufig an seinem Schreibtisch, den Kopf in die Hände gestützt, und kämpft mit sich um eine Entscheidung zwischen soldatischer Pflichterfüllung und menschlicher Notwendigkeit. Ihn zwingen sein militärischer Treueeid und die letzten Führerbefehle zur Sprengung der genannten Einrichtungen und zur Verteidigung der Stadt. Die Folge wäre, daß bei der gegebenen Lage das Kriegsende lediglich um wenige Tage hinausgeschoben wird, Tausende Soldaten und Bürger fänden den Tod, Rendsburg selbst sowie wertvolle Güter, die in den Depots lagern, würden vernichtet. Jedes Weiterleben in Rendsburg wäre unmöglich. Dieser Preis für keinen Gegenwert ist Oberst Christiansen zu hoch. Die Vorstellung, daß nach einer solchen Schlacht um Rendsburg die Ausgangsbasis für einen Friedensvertrag mit

Deutschland besser sei, gehört doch bei der Gesamtkriegslage in den Bereich der Illusion. Nach Meinung von Oberst Christiansen muß jedes sinnlos erscheinende Blutvergießen verhindert werden. Für ihn gibt es keinen Zweifel, daß eine Verteidigung Rendsburgs die Stadt zum Mittelpunkt einer Schlacht machen wird, die nur verbrannte Erde hinterläßt. Die in den Depots lagernden Lebensmittel und Güter des täglichen Bedarfs sollen nach seiner Ansicht der hungernden und frierenden Bevölkerung zugänglich gemacht werden. Da der Glaube an einen Endsieg abwegig erscheint, das Ende des Krieges unausweichlich bevorsteht und die Uhr des „Dritten Reiches" abgelaufen ist, kommt für Oberst Christiansen jede andere Entscheidung einem Verbrechen an den betroffenen Menschen und ihrer Heimatstadt gleich. Für ihn steht fest, daß der Weg einer Verteidigung nicht gegangen werden darf. Er weiß aber auch, daß er alleine oder mit Unterstützung weniger gegen eine Vielzahl Andersdenkender und die noch bestehenden Führerbefehle nichts auszurichten vermag und sein Endziel nicht erreichen kann. Die Befürworter der Verteidigung Rendsburgs würden die kleine Gruppe der menschlich denkenden Offiziere und Zivilisten kaltblütig als Feinde des Reiches erschießen lassen. Die gesetzlichen Voraussetzungen dafür sind gegeben. Mit dieser Entwicklung wäre der Sache nicht gedient. Die einzige Möglichkeit, die Stadt, mit der er sich verbunden fühlt, ihre Bevölkerung und ihre Einrichtungen zu retten, sieht Oberst Christiansen schließlich in der Verschleppung einer Entscheidung bis zur Anordnung der Waffenruhe und bis zum Eintreffen britischer Truppen in Rendsburg. Die Verwirklichung dieser Absicht gleicht einem Tanz auf dem Drahtseil. Man hat längst erkannt, daß konspirative Kräfte versuchen, die Führerbefehle zu unterlaufen oder ihre Aufhebung zu erreichen. Es werden auch Drohungen ausgesprochen. Die gesamte Atmosphäre ist äußerst spannungsgeladen. Zu dieser Zeit erscheinen auch durchreisende hohe Offiziere, deren Truppenverbände aufgerieben waren, mit ihren Stäben in Rendsburg, um trotz erkennbaren Kriegsendes in einem heroischen Kampf die letzte Schlacht am Nord-Ostsee-Kanal in Rendsburg zu schlagen. Parallel zu dieser Entwicklung bemüht sich auch der Landrat des Kreises Rendsburg, Julius Peters, intensiv bei verschiedenen Militär- und Zivildienststellen um die Rettung der Stadt. Seine Bemühungen gehen so weit, daß dem Landrat vorgeworfen wird, er habe die Widerstandskraft der Bevölkerung und den Kampfwillen der Offiziere durch sein Tun untergraben.

Am 30. April 1945 verkündet der Rundfunk, „daß unser Führer Adolf Hitler nachmittags in seinem Befehlsstand in der Reichskanzlei, bis zum letzten Atemzug gegen den Bolschewismus kämpfend, für Deutschland gefallen ist". Die Nachricht schlägt wie eine Bombe ein. In Wirklichkeit hat sich Hitler am 30. April 1945 in seinem Bunker in der Reichskanzlei in Berlin selbst das Leben genommen. Zu seinem Nachfolger hat Hitler vor seinem Tod Großadmiral Karl Dönitz ernannt.

Am 2. Mai 1945 kapituliert die Reichshauptstadt Berlin. Am nächsten Tag ruft der Kampfkommandant den stellvertretenden Bürgermeister Heinrich Röschmann, den Landrat Julius Peters und den Polizeihauptmann Paul Gosch zu einer Lagebesprechung zu sich. Hauptthema dieses Gesprächs sind allgemeine Verteidigungsmaßnahmen in Rendsburg, Räumung der Strafanstalt und Besetzung lebenswichtiger Betriebe. Am 4. Mai 1945 werden keine Feindbewegungen gemeldet. Leutnant Reduhn bekommt den Auftrag, mit einem Spähtrupp das Gebiet zwischen Rendsburg und Neumünster aufzuklären. Er kehrt mit der Feststellung zurück, daß der Feind über Neumünster in Richtung Norden nicht hinausgekommen ist. Der Leutnant bringt auch das Gerücht einer bevorstehenden Waffenruhe mit. In der Nacht zum 5. Mai 1945 kommt es bei dem Kampfkommandanten, Oberst Patzak, zu einer mehrstündigen Debatte. Es geht wieder um die Verteidigung Rendsburgs. Hans-Georg Schweppenhäuser hat über Admiral Kolb bei Großadmiral Dönitz erreicht, daß der Sprengbefehl für Rendsburg aufgehoben wird. Seine weiteren Bemühungen, auch die Aufhebung des Verteidigungsbefehls zu erwirken, schlagen fehl. Oberst Patzak wird durch diese Entwicklung sehr verunsichert. Auch seine eigene Überzeugung steht im Gegensatz zu seinem soldatischen Pflichtgefühl. Die fortlaufenden Auseinandersetzungen zermürben ihn. Drohbriefe beginnen ihn zu entnerven. Am 5. Mai 1945 kommt es während der Mittagsstunden im Offizierscasino zwischen Angehörigen des Begleitbataillons Dönitz, der Marine-Infanterie und dem Kampfkommandanten zu einer besonders erregten Auseinandersetzung. Ein Korvettenkapitän wirft Oberst Patzak ungenügenden Kampfgeist vor und verlangt die sofortige Übergabe des Kommandos. Er, so die Worte des Korvettenkapitäns, würde sich dem Feind in Rendsburg stellen und, wenn es nötig sein sollte, auch noch nach einer Kapitulation weiterschießen. Oberst Christiansen, der als Standortältester hinter seinem Schreibtisch diesem Streit zunächst schweigend beiwohnt, schlägt plötzlich mit der Faust auf den Schreibtisch, um sich Gehör zu verschaffen, springt auf und stellt sich schützend vor Oberst Patzak. Daraufhin verläßt der Marine-Offizier wortlos das Zimmer und wird nicht mehr gesehen. Die Gefahr, in der sich die

Stadt befindet, ist auf ihrem Höhepunkt angelangt. Feindliche Panzer stoßen bereits bis Nortorf vor. Die deutschen Soldaten um und in Rendsburg machen sich kampfbereit. Sie warten auf entsprechende Befehle des Kampfkommandanten. Auf Grund seiner Erfahrungen rechnet Oberst Christiansen nach einer Feindberührung zwischen deutschen und britischen Truppenteilen mit dem Angriff eines Bombergeschwaders, das nach gegnerischer Kriegstaktik vor einem weiteren Vormarsch der Truppen Rendsburg dem Erdboden gleichmachen würde. Auf Anordnung des SS-Oberführers und Generals der Polizei, Graf von Bassewitz-Behr, beauftragen zwei Obersturmführer der Waffen-SS den Verleger der Landeszeitung, Ferdinand Möller, 200 000 Flugblätter zu drucken. Diese enthalten einen Aufruf an die Bevölkerung zum Widerstand und zum Partisanenkampf gegen den anrückenden Feind und sollen in Rendsburg und Umgebung verteilt werden. Es kommt zwischen den SS-Männern und dem Verleger zu hinhaltenden Verhandlungen, in die Oberst Christiansen und Oberst Patzak eingeweiht werden. Die Flugblätter werden nicht mehr gedruckt. Oberst Christiansen sucht abermals den Kampfkommandanten auf und beschwört ihn, jede Maßnahme, die er anzuordnen gedenkt, mit ihm zu besprechen. Oberst Christiansen will verhüten, daß zu diesem Zeitpunkt noch ein schwerwiegender Fehler gemacht wird. Alsdann begibt er sich in seine Diensträume. Dort trifft er auf Major Hahn. Dieser nimmt gerade fernmündlich von Ferdinand Möller die Nachricht über eine Waffenruhe im norddeutschen Raum entgegen. Diese Mitteilung hat der Rundfunk Hamburg verbreitet. Da nicht zu erwarten ist, daß der Kampfkommandant die Meldung als verbindlich ansieht, wird sie von der Landeszeitung gedruckt und als Extrablatt herausgegeben. Damit begibt sich Oberst Christiansen sofort zum Offizierscasino. Hier ist der Inhalt des Sonderdrucks noch nicht bekannt. Oberst Patzak hat zwischenzeitlich seine unentschlossene Haltung aufgegeben und sich unter dem Druck kampfwilliger Offiziere zum Verteidigungsbefehl durchgerungen, der an die in Bereitschaft stehenden deutschen Truppen weitergegeben worden ist. Oberst Patzak nimmt von dem Extrablatt Kenntnis und zieht seinen Einsatzbefehl an die Truppenteile über Telefon und Kuriere zurück. Für Oberst Patzak ist die psychische Belastung der letzten Tage zu groß. Er erleidet einen Nervenzusammenbruch und wird abgelöst. Major Behnke ist der nächstälteste Truppenoffizier. Er bittet den erfahrenen Oberst Christiansen, das Amt des Kampfkommandanten zu übernehmen. So kommt es, daß Oberst Christiansen am 6. Mai 1945 seine frühere Position in Rendsburg wieder einnimmt, die vor dem sich abzeichnenden Kriegsende wenig begehrenswert ist. Niemand weiß, was er in dieser Stellung von den anrückenden Briten erwarten kann. Auch die Soldaten wissen nicht, was „danach" kommt. Das alte Sprichwort „Männer genießt den Krieg, der Frieden wird schrecklich" geht bei einigen Truppenteilen um. Oberst Christiansen ordnet dann kraft seines Amtes die Öffnung der Magazine für die Bevölkerung an. Es sind dies: das Heeresverpflegungslager in der Alten Kieler Landstraße, das Marine-Magazin mit Textilien und Küchengeschirr in der Düngerfabrik, ein Teppichlager in Osterrönfeld und die Depots der Wasserschutz-, Feuerlösch- und Luftschutzpolizei in Nübbel. Die letztgenannten Depots sollen gar nicht freigegeben werden. Durch einen Übermittlungsfehler kommt es aber doch zur Räumung der Vorräte durch die Einwohner. Außerdem bekommen sie Zutritt zu einem Lager mit Futtermitteln, ebenfalls in der Alten Kieler Landstraße. Als Bürger aus dem Verpflegungslager in der Alten Kieler Landstraße Lebensmittel abfahren, werden sie von Tieffliegern angegriffen und beschossen. Die entsprechende Anordnung zur Freigabe der Magazine unterschreibt Oberst Christiansen an dem Schreibtisch im Eckzimmer des Offizierscasinos. Noch am selben Tag trifft bei ihm auf dem Dienstweg die offizielle Bekanntgabe der Waffenruhe ein. Sie war bereits für den 6. Mai 1945, 8.00 Uhr, angeordnet. In der Landeszeitung erscheint folgende Mitteilung:

Sonntag, den 6. Mai 1945

Waffenruhe in Schleswig-Holstein

Heute früh um 8 Uhr ist auch in Schleswig-Holstein Waffenruhe gegenüber den britischen Truppen eingetreten. Die militärischen Handlungen sind damit für unsere Stadt zu Ende, die Sorgen, die damit auch für unsere Stadt verbunden waren, gegenstandslos geworden.

Die Zeit, die nun vor uns liegt, wird andere Sorgen und Nöte bringen, Sorgen, die wir heute noch nicht übersehen können. Wir können vorerst nur an die nächstliegenden, wichtigsten Aufgaben denken. Es gilt, wie der Landrat in einem Aufruf heute sagt, Leben und Gesundheit zu schützen, die Versorgungs- und Wirtschaftsbetriebe in Funktion zu halten und mit allen Mitteln zu fördern sowie die Ernährung unter Einsatz der letzten Kräfte soweit irgend möglich sicherzustellen. Um das durchführen zu können, muß die Ordnung aufrechterhalten werden, denn nur geordnete Zustände sind die Voraussetzungen für eine wirkliche Wiederaufbauarbeit.

Das ist das, was heute die Stunde von uns verlangt.

Außerdem veröffentlicht die Landeszeitung in dieser Ausgabe einen Aufruf des Landrats Julius Peters:

„Aufruf an die Bevölkerung des Kreises Rendsburg!

Am 5. Mai 1945, 8 Uhr dtsch. Sommerzeit, ist u. a. für den Bereich der Provinz Schleswig-Holstein Waffenruhe gegenüber den Truppen des Feldmarschalls Montgomery eingetreten.

Damit sind zunächst die kriegerischen Handlungen eingestellt; jeder muß sich jedoch darüber klar sein, daß wir vor einer Zeit schwerster wirtschaftlicher und ideeller sowohl persönlicher als auch allgemeiner Sorgen und Nöte stehen.

Die zu meisternden Aufgaben lassen sich nur dann mit Erfolg lösen, wenn in dieser Notzeit alle anständig denkenden Männer und Frauen geschlossen und einig zusammenstehen in dem einzigen Bestreben, die gemeinsame Not mit allen Kräften zu beheben.

Es gilt,

- Leben und Gesundheit zu schützen,
- Versorgungs- und Wirtschaftsbetriebe in Funktion zu halten und mit allen Mitteln zu fördern,
- die Ernährung unter Einsatz der letzten Kräfte soweit irgend möglich sicherzustellen.

Das erste Gebot der Stunde ist die Aufrechterhaltung von Ruhe, Ordnung und Sicherheit. Die Polizei, verstärkt durch Stadt- und Landwacht, wird in Gemeinschaft mit der Wehrmacht gegen die Unruhestifter und auftretende Ausschreitungen vorgehen.

Wenn jeder zu seinem Teil beiträgt, geordnete Zustände aufrechtzuerhalten, ist die Voraussetzung gegeben für einen Wiederaufstieg auch aus dieser schwersten Notzeit.

Rendsburg, 5. Mai 1945 gez. Peters, Landrat.“

Ein tragischer Unglücksfall

Der 6. Mai 1945 endet mit einem tragischen Unglücksfall. Eine Gruppe von SS-Männern hat im April/Mai 1945 einige Einfamilienhäuser in den Neuwerker Gärten räumen lassen und ist mit ihrer Ausrüstung in die freigewordenen Wohnungen eingezogen. Die Gruppe hat die Aufgabe, die Durchführung des Zerstörungsbefehls Adolf Hitlers zu überwachen. Als Dönitz die Ausführung dieser Führeranordnung für Rendsburg aufhebt und Waffenruhe eingetreten ist, setzen sich die SS-Männer nach Norden ab. Ihr Kriegsgerät nehmen sie mit. Eines der freigewordenen Häuser bewohnt ein Geschwisterpaar. Der Junge ist 11 Jahre, das Mädchen 12 Jahre alt. Das Schicksal hatte diese Familie bereits hart getroffen. Der Vater war in russischer Gefangenschaft gestorben, vermutlich verhungert, und die Mutter verstarb am 5. Februar 1945 in Rendsburg. Neugierig laufen die Geschwister in ihr Haus und inspizieren die Räume. Sie freuen sich, wieder in der eigenen Wohnung sein zu dürfen. Das Mädchen läuft in die Küche. Auf dem Küchenschrank sieht es einen Ring aus Porzellan, an dem sich eine Schnur befindet, die nach hinten verläuft und unter allerlei Unrat endet. Das Mädchen will den Ring gewaltsam herunterziehen. Es weiß nicht, daß es sich dabei um die Abzugsvorrichtung einer zurückgelassenen scharfen Handgranate handelt. Der Bruder, der sich in einem der anderen Zimmer aufhält, hört die Detonation, stürzt in die Küche und findet dort zwischen den Trümmern seine tote Schwester.

Retter der Stadt

An dieser Stelle muß gesagt werden, daß es Oberst Christiansen zu einem großen Teil zu verdanken ist, daß eine Schlacht um Rendsburg nicht stattfand, die Stadt somit nicht in Schutt und Asche gelegt und Tausende Menschen nicht getötet wurden. Oberst Christiansen war kein Umstürzler, sondern ein mutiger, umsichtiger Mann, der das sinnlose Blutvergießen in einer ausweglosen Lage verabscheute und demgemäß handelte. Hinzu kommt, daß er Rendsburg wie seine zweite Heimat liebte. Damit soll das Verdienst anderer, die sich vor Kriegsende um die Erhaltung Rendsburgs bemühten, nicht geschmälert werden, zumal sie dabei ebenfalls ihr Leben aufs Spiel setzten. Besonders hervorzuheben ist in diesem Zusammenhang das äußerst aktive Bemühen von Dipl.-Ing. Hans-Georg Schweppenhäuser, der es durch seinen beharrlichen Einsatz erreicht hatte, daß Großadmiral Dönitz zumindest den Zerstörungsbefehl aufhob. Auch nicht unerwähnt sollen die Aktivitäten von Landrat Julius Peters bleiben, der sich gleichfalls vor Kriegsende um die Rettung Rendsburgs sorgte und sehr bemühte.

Heinrich Röschmann

Ein Mann, der bisher nur am Rande erwähnt wurde, ist der stellvertretende Bürgermeister Heinrich Röschmann. Er mußte im September 1944 die Dienstgeschäfte des Bürgermeisters in Rendsburg voll übernehmen, als der eigentliche Amtsinhaber Franz Krabbes zur Wehrmacht eingezogen und als Soldat an die Front beordert wurde. Der stellvertretende Bürgermeister tat während seiner Amtszeit von September 1944 bis zur Kapitulation sehr viel für die Stadt und deren Einwohner. Er griff stets dort helfend ein, wo er Härten abbauen konnte, die den Bürger drückten. Er war ein Stadtoberhaupt, das den „kleinen Mann auf der Straße" nicht vergaß.

In dem großen Gebäude der Kolo-Schule werden vor der Kapitulation neben anderen Personen auch Flüchtlinge aus dem Osten einquartiert. Unter diesen befindet sich ein fünfjähriges Mädchen aus Ostpreußen, das mit seiner Großmutter auf dem Schiff „Ubena" aus der Heimat nach Rendsburg gekommen ist. Von der Familie Röschmann geht nun eine 17jährige Tochter regelmäßig in die Kolo-Schule, um dort alte Leute und Kinder zu betreuen. Als die Großmutter der Fünfjährigen stirbt, ist sie von diesem Tag an allein. Der Aufenthalt der Eltern des Kindes läßt sich nicht ermitteln. Kurzentschlossen nimmt die Tochter das scheue Flüchtlingskind mit nach Hause. Heinrich Röschmann sieht sich das verängstigte Mädchen zunächst an. Er will gar nicht glauben, daß es bereits fünf Jahre alt ist. Nach seinem Ernährungszustand zu urteilen könnte es höchstens drei Jahre alt sein. Das hilflose Ding tut ihm leid. Er kann es nicht übers Herz bringen, die Kleine sich selbst zu überlassen. Erst will man sie nur wieder hochpäppeln, aber dann gewinnt man das schüchterne Mädchen, das in der Familie wie ein eigenes Kind behandelt wird, sehr lieb. Die Eheleute Röschmann spricht es schließlich mit Vati und Mutti an. Nach Jahren findet man über das Deutsche Rote Kreuz die Mutter des Kindes. Heinrich Röschmann setzt sich mit den Eltern der Kleinen schriftlich in Verbindung, und so kommt es, daß das Mädchen 1948 den Eltern zugeführt wird. Es dauert nur vier Wochen und das Kind kehrt in die wohltuende Nestwärme der Familie Röschmann zurück. Aus dem schüchternen Flüchtlingsmädchen ist im Laufe der Jahre eine hübsche junge Dame geworden. Sie verläßt nach ihrer Heirat in den sechziger Jahren das Haus der Familie Röschmann und zieht mit ihrem Ehemann in einen Ort an der Ostküste Schleswig-Holsteins.

Während der Amtszeit von Heinrich Röschmann als Bürgermeister wird bei einem Fliegerangriff das gesamte Dach des Amtsgerichts durch den Luftdruck einer Bombe heruntergeschleudert. In der „mageren" Zeit ist es kaum möglich, Dachpfannen für eine neue Eindeckung zu beschaffen. Heinrich Röschmann gelingt es, zusammen mit der Firma A. Heinemann, die nötigen Dachpfannen zu organisieren und das Dach zu erneuern.

Auch sorgt Heinrich Röschmann dafür, daß die Materiallager der Wehrmacht, die Oberst Christiansen als Kampfkommandant kurz vor der Kapitulation für die Bevölkerung freigibt, nicht geplündert werden.

Röschmann ist zwar Mitglied der NSDAP, aber er mißbraucht seine Zugehörigkeit zur Partei zu keiner Zeit. Wegen seiner Parteizugehörigkeit wird er von der britischen Besatzungsmacht zweieinhalb Jahre in Gadeland und Eselsheide in Lagern festgehalten. Seine Entlassung erfolgt auf Grund einer Eingabe von Rendsburger Bürgern, denen er Gutes getan hatte.

Die Briten kommen

Am 7. Mai 1945 entdecken die Rendsburger in den Morgenstunden auf der Straßendrehbrücke einen britischen Panzer. Er steht mitten auf der Fahrbahn, da, wo sich die beiden Brückenteile zusammengeschoben haben. Die Schranken an den Enden der Brücke sind an der Nord- und der Südseite des Nord-Ostsee-Kanals geschlossen. An der Südseite warten britische Truppen in Kampfbereitschaft. Es liegt eine gewisse Spannung in der Luft. Viele Rendsburger denken: „Hoffentlich verliert zu guter Letzt keiner die Nerven, sonst kommt es doch noch zu einem Gemetzel!" Von der Nordseite wagt es kein Rendsburger, die gesperrte Straßendrehbrücke zu betreten, und von der Südseite lassen die britischen Soldaten niemand auf die Brücke. Plötzlich erscheint an der Südseite ein deutscher Polizeibeamter. Neben ihm geht ein Mann in mittleren Jahren, den der Ordnungshüter an der Fesselkette führt. Er erklärt den britischen Soldaten, daß es sich bei dem Abgeführten um einen Straftäter handelt, der ins Gefängnis muß. Mit einem breiten „Okay" nehmen die Soldaten den Häftling dem Polizeibeamten ab und sperren ihn in das südliche Wartehäuschen. Am nächsten Morgen macht sich der Festgenommene bemerkbar. Die britischen Soldaten, die ihn eingesperrt hatten, waren bereits fort. Ihre Ablösung weiß nichts von einem übernommenen deutschen Straftäter. Der Häftling macht den Soldaten mit Händen und Füßen klar, daß er austreten müsse und sich waschen wolle. Die Briten haben dafür Verständnis. Sie lassen ihn aus dem „Verlies". Der Mann begibt sich ins Freie und kehrt nicht zurück. Ein Fall ohne Tragik, niemand spricht darüber.

Pünktlich um 9 Uhr am 8. Mai 1945 erscheint an der Nordseite der Straßendrehbrücke die von den britischen Streitkräften bestellte Delegation aus Rendsburg, bestehend aus dem Landrat Julius Peters, dem Bürgermeister Heinrich Röschmann, dem Polizeihauptmann Paul Gosch, dessen Vertreter, Revieroberleutnant Heinrich Peter Thodt, einem Schulleiter (Name nicht bekannt) und dem Leiter der Kriminalpolizei Rendsburg, Karl Wilhelm Jöhnk. Die Schranken an beiden Seiten der Drehbrücke öffnen sich. Mit lautem Getöse und Gequietsche setzt sich der Panzer wie ein Ungetüm in Richtung Stadt Rendsburg in Bewegung. Es folgen ihm zwei Jeeps und ein Mannschaftswagen, besetzt mit britischen Soldaten. Der Panzer passiert das Brückenhäuschen und schwenkt dann nach rechts ein. Britische Soldaten springen von den Fahrzeugen und bringen zwei Maschinengewehre in Stellung. Aus dem ersten Jeep steigen fünf Soldaten und gehen auf die Abordnung zu. Ein britischer Offizier richtet an diese eine Frage, die ein Sergeant, der als Dolmetscher fungiert, mit den Worten übersetzt: „Seid Ihr von der Polizei?" Als die Frage von den deutschen Polizeibeamten bejaht wird, erklärt der Übersetzer, daß sie ihre Dienststelle aufsuchen und dort um 15 Uhr vollzählig anwesend sein sollen. Weitere Worte werden nicht gewechselt, die Delegation ist somit entlassen. Landrat Peters, der Bürgermeister Röschmann und der Schulleiter gehen nach Hause. Noch als sich der Leiter der Kriminalpolizei bei der Drehbrücke aufhält, bekommt er die Nachricht, daß Landrat Peters eine größere Menge Tabletten eingenommen hat, um sich das Leben zu nehmen. Der Kriminalbeamte begibt sich sofort zur Villa des Landrats an der Kanalstraße. Als er dort ankommt, wird Peters gerade ins Krankenhaus Rendsburg abtransportiert. Ärzte pumpen ihm den Magen aus. Sie können ihn retten.

Der Einmarsch der britischen Truppen in Rendsburg beginnt.

Major Lamb und die Kriminalpolizei

Um 15 Uhr erscheint Major Lamb mit einem Dolmetscher, Sergeant Eßberger, in den Diensträumen der Kriminalpolizei. Erwartungsvoll und mit gemischten Gefühlen stehen dort fünf Kriminalbeamte, die gespannt auf das warten, was nun kommen wird. Die Männer müssen ihre Dienstausweise und ihre Waffen auf den Tisch legen. Major Lamb überprüft die Ausweise und versieht sie mit dem Stempel des Military Governments, Det. 217, und seiner Unterschrift als britischer Sicherheitsoffizier. Damit haben die Kriminalbeamten die Befugnis, weiterhin als „Auge des Gesetzes" tätig zu sein. Dienstausweis und Waffen werden ihnen nach ihrer Zusage, im Sinne der Militärregierung kriminalpolizeiliche Aufgaben weiterhin wahrzunehmen, zunächst zurückgegeben. Das Versprechen der Kriminalbeamten wird mit einem Handschlag besiegelt. Auf die

Frage von Major Lamb, was die Kriminalpolizei am dringendsten benötigt, antwortet Karl Wilhelm Jöhnk: „Einen Dienstwagen!" Damit ist die erste Begegnung der Kriminalpolizei Rendsburg mit der britischen Besatzungsmacht beendet. Am nächsten Tag erscheint Major Lamb mit seinem Dolmetscher bei der Kriminalpolizei und nimmt deren Chef mit zum Kamp, dem jetzigen Gelände der Landwirtschaftsschau. Hier soll sich der Kripo-Leiter von den eingezogenen und gesammelten Kraftfahrzeugen einen Pkw als Dienstwagen aussuchen. Der Inhaber der Firma Opel-Sievers, Timm Heinrich Sievers, der im Auftrage der Militärregierung die Aktion auf dem Kamp abwickeln muß, rät dem Kripo-Mann von seinem Vorhaben ab. Es ist nicht ausgeschlossen, so meint Sievers, daß später ein Bürger seinen Pkw in den Händen der Kripo sieht, und da könnte es zu persönlichem Ärger kommen. Timm Heinrich Sievers bietet einen Wagen aus seiner Opel-Werkstatt kostenlos an, den DKW eines gefallenen Oberleutnants.

Oberst Christiansen verliert seinen Schreibtisch

Zwischenzeitlich sucht der Befehlshaber der britischen Streitkräfte im Großraum Rendsburg den Kampfkommandanten im Offizierscasino auf. Der britische Offizier legt Oberst Christiansen die Kapitulationsurkunde für Rendsburg auf den Schreibtisch, aus der hervorgeht, daß Rendsburg zur offenen Stadt erklärt und kampflos an die britischen Truppen übergeben wird. Oberst Christiansen liest den Text der Urkunde. Er blickt nochmals in die Augen des britischen Offiziers, als will er darin lesen, wie er die Situation empfindet. Dann unterschreibt er. Im Raum ist es still geworden. Jeder geht seinen Gedanken nach. Der britische Offizier unterbricht die besinnliche Minute. Er erklärt Oberst Christiansen, daß er ab sofort nicht mehr Kampfkommandant ist, sondern Wehrmachtskommandant. Als solcher soll er die Verwaltungsaufgaben abwickeln, die sich aus dem Kriegsende ergeben. Seine Diensträume in der Moltkestraße 9 räumt Oberst Christiansen und zieht in das Wehrmachtsgebäude in der Herrenstraße, Ecke Materialhofstraße, das alte Casino, um. Seinen Schreibtisch darf er nicht mitnehmen.

Die neuen Besitzer

In das Casino in der Moltkestraße quartieren sich Offiziere aus den Ostländern ein, die mit den britischen Truppen nach Rendsburg gekommen sind. Sie haben die Aufgabe, die Rückführung der

Fremdarbeiter in ihre Heimatländer zu organisieren. Diese wiederum werden in den Lagern Wrangelkaserne, Krügerkaserne, Jägerslust, Sehberg, Blumenthal, Hohn I und II, Hungriger Wolf bei Itzehoe, Ehndorf, Holstenniendorf und in dem Arbeitslager Brandheide gesammelt. Unter ihnen befinden sich Polen, Ukrainer, Balten und Belgier. Das Eckzimmer, in dem Oberst Christiansen saß, bezieht ein polnischer Rechtsanwalt, der unter anderem seine Landsleute bei Terminen vor dem Obersten Britischen Militärgericht in Rendsburg als Strafverteidiger vertritt. Der Rechtsanwalt ergreift von dem alten Schreibtisch Besitz.

Polizeibeamte ohne Bleibe

Unter der deutschen Bevölkerung, die im April 1945 nach Schleswig-Holstein flüchtet, befinden sich auch zahlreiche Polizeibeamte und Gestapo-Männer aus Mitteldeutschland und Berlin. Sie halten sich tagsüber in den Räumen der Polizei auf und schlafen nachts im Großen Sitzungssaal des Alten Rathauses auf dem Fußboden. Noch vor der Kapitulation nimmt sie ein Gendarm in Hamdorf auf, der über ein Haus mit einem großen Boden verfügt. Nach Kriegsende versucht ein Großteil dieses Personenkreises den eigenen Heimatort zu erreichen. Andere Beamte werden von der Polizei in Schleswig-Holstein eingestellt. Einige bleiben sogar in Rendsburg.

Sabotage?

Der Tonnenhof, für die alten Rendsburger ein Begriff, liegt dort, wo später das Arbeitsamt gebaut wird. Das Gelände zieht sich von der Professor-Koopmann-Straße bis fast zur Brückenstraße am Thormannplatz hin. Früher war dieser Platz ein Teil der Eider. Das Flußbett haben die Rendsburger an dieser Stelle mit Sand aufgefüllt. Rendsburger Jungen, die das Gebiet als ihr Spielgelände betrachten, kommen auf eine ganz ausgefallene Idee. Sie „besorgen" sich aus dem Arsenal Sprengstoff und Zündschnur. Am 9. Mai 1945 graben sie auf dem Gelände des Tonnenhofes ein Loch in die Erde. Dort hinein legen sie den gestohlenen Sprengstoff. Die Zündschnur führen sie über das Gelände und den Bahndamm in Richtung Meynstraße. Auf das Erdloch rollen sie ein 200-Liter-Faß aus Stahl, das sie senkrecht aufstellen und mit Wasser füllen. Sie haben selten so schwer gearbeitet. Trotzdem macht es ihnen Spaß. Gegen 16 Uhr gehen sie hinter dem Bahndamm in Deckung und stecken die Zündschnur an. Es läuft wie in einem Wildwestfilm ab. Die Flamme

Einsatz britischer Truppen am Tonnenhof

bewegt sich schnell in Richtung Sprengstoff, der mit einem ohrenbetäubenden Knall explodiert, das Faß zerfetzt und Erde, Wasser aus dem Faß und zerrissene Faßteile hoch in die Luft schleudert. Das gewaltige Explosionsgeräusch hallt weit über Rendsburg. Eine gerade die Stadt durchfahrende britische Truppeneinheit nimmt an, Saboteure haben unbekannte Objekte gesprengt. Bei der britischen Besatzungseinheit in Rendsburg regt sich auch so einiges. Man glaubt, fanatische ehemalige Mitglieder der Hitlerjugend, 14 bis 18 Jahre alt, seien auf dem „Kriegspfad". Schließlich fällt der Name „Werwolf!", für die Briten ein Reizwort. Britische Truppen umschließen den Bereich des Tonnenhofes. Die jungen Übeltäter haben zu diesem Zeitpunkt bereits das Weite gesucht. Sie befinden sich zu Hause. Ein Bürger, der von seinem Wohnfenster aus die ihm bekannten Jungen beobachtet hat, macht der britischen Besatzungsmacht eine entsprechende Mitteilung. Die Kriminalpolizei erhält den Auftrag, die Jungen „einzufangen" und vorzuführen. Nicht wenig erstaunt sind die Briten, als bei ihnen eine Reihe von Pimpfen, 10 bis 14 Jahre alt, aufmarschiert. Der Verantwortliche der britischen Einheit bestimmt, daß die Buben zunächst nicht wieder nach Hause gelassen, sondern nach Heiligenstedten bei Itzehoe gebracht werden und dort vier Wochen verbleiben müssen. Die Handlungsweise der Jungen ordnet der Brite als einen Dummejungenstreich ein, dessen Gefährlichkeit sie nicht übersehen konnten.

Alltag unter der Besatzungsmacht

Die Bevölkerung kommt der Aufforderung der Britischen Militärregierung, Waffen und anderes Kriegsmaterial abzugeben, willig nach. Das schließt jedoch nicht aus, daß einge Bürger ihre Jagdwaffen gut eingefettet und wasserdicht verpackt im Garten oder anderswo vergraben. Diese Waffen werden von ihren Eigentümern viel später als „Erdwaffen“ ausgegraben und ordnungsgemäß bei der zuständigen deutschen Behörde angemeldet. Von sich aus verbrennen viele Rendsburger nationalsozialistische Literatur. Auf einem Kochschiff, das zwischen der Straßendrehbrücke und dem Kreishafen vertäut ist, bekommen Flüchtlinge einmal am Tag eine warme Mahlzeit in Form eines Eintopfes. Das Essen wird entweder in Kochgeschirren oder in Blechdosen gefaßt. Von dieser Möglichkeit machen auch die „zugereisten“ Polizeibeamten Gebrauch. Nachts schlafen auf den Bänken des Schiffes Obdachlose. Jeder Bürger, der noch im Besitz eines Kraftfahrzeuges ist, muß es bei der Kraftfahrzeugsammelstelle auf dem Kamp abgeben. Die Militärregierung ordnet an, daß die Straßen Rendsburgs von 21 bis 6 Uhr nicht betreten werden dürfen, es sei denn, es liegt eine Sondergenehmigung vor. Die Folge ist, daß nachts die Straßen der Stadt wie leergefegt sind. Die Polizeibeamten haben eine Dauererlaubnis. Die Britische Militärregierung verpflichtet alle Hauseigentümer, an die Türen ihrer Häuser lesbare Listen mit den Namen und den vollen Personalien der Bewohner anzubringen. Ferner beschlagnahmt die Militärregierung das Haus des Katasteramtes am Paradeplatz und benutzt es als Dienstgebäude. Im Hotel „Zum Prinzen“ am Schloßplatz zieht die „Geheimpolizei“, der Secret Service, ein. Die britische Militärpolizei wird in einem Haus am Paradeplatz an der Ecke zur Prinzessinstraße untergebracht. Die Offiziere finden in der kreiseigenen Villa des ehemaligen Landrats am Nord-Ostsee-Kanal in Rendsburg Unterkunft.

Das Leben geht in Rendsburg trotz Hunger, Raumenge und Mangel an den Sachen des täglichen Bedarfs weiter. Auch bei der Kriminalpolizei. Der Übergang vom Krieg zum Frieden hat auf die kriminalpolizeiliche Arbeit zunächst kaum Auswirkungen. Man paßt sich der neuen Lage an. In erschreckendem Maße nehmen dann die Selbsttötungsdelikte zu, die vor allem im Gerhardshain, dem Nobiskrüger Gehölz, dem Wäldchen an der Fockbeker Chaussee und in der Kolo-Schule ausgeführt werden. Bei den „Selbstmördern“ handelt es sich vielfach um jene höheren SS-Offiziere, die sich mit den Ministerien des Deutschen Reiches und den Reichssicherheitsämtern im April 1945 von Berlin nach Rendsburg in die Kolo-Schule begeben hatten. Es kommt bei der Tatausführung zu tragischen Szenen. Ein Teil der SS-Führer nimmt auch die Ehefrau mit in den Tod. Die Leute vom Secret Service entwickeln größte Aktivitäten. Sie verhaften alle höheren Mitglieder der NSDAP und ihrer Organisationen und sperren sie zunächst in das Gefängnis hinter dem Amtsgerichtsgebäude. Abends erscheinen in der Grafenstraße zahlreiche Angehörige der Inhaftierten und unterhalten sich mit ihnen durch die Gitterstäbe der Fenster. Die Festgenommenen werden jeweils zu einem Transport zusammengestellt und nach Gadeland bei Neumünster in die Lederfabriken verschubt.

Gerechtigkeit

Die Zusammenarbeit der Rendsburger Polizei mit dem britischen Sicherheitsoffizier, Major Lamb, gestaltet sich reibungslos. Man gewinnt den Eindruck, daß es sich bei ihm um keinen deutschfeindlichen Menschen handelt. Sein Gerechtigkeitssinn ist beachtlich. Bei

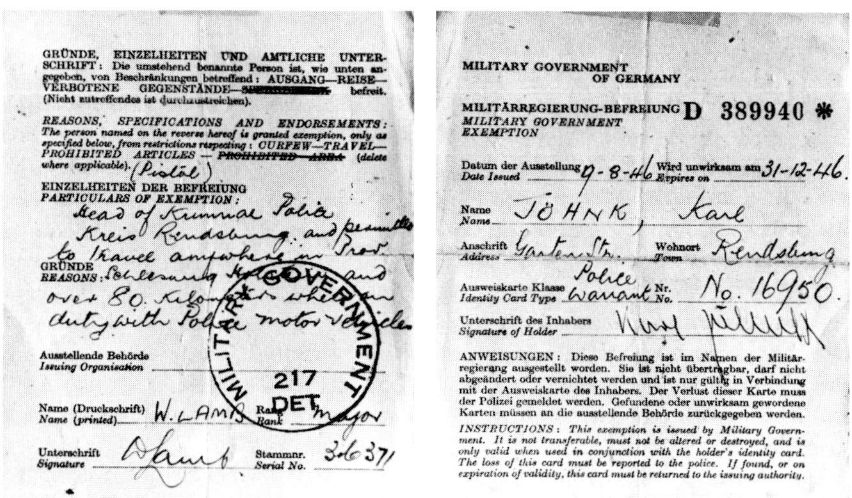

GRÜNDE, EINZELHEITEN UND AMTLICHE UNTERSCHRIFT: Die umstehend benannte Person ist, wie unten angegeben, von Beschränkungen betreffend: AUSGANG—REISE—VERBOTENE GEGENSTÄNDE—[redacted] befreit. (Nicht zutreffendes ist durchzustreichen).

REASONS, SPECIFICATIONS AND ENDORSEMENTS: The person named on the reverse hereof is granted exemption, only as specified below, from restrictions respecting: CURFEW—TRAVEL—PROHIBITED ARTICLES — ~~PROHIBITED AREA~~ (delete where applicable). (Pistol)

EINZELHEITEN DER BEFREIUNG
PARTICULARS OF EXEMPTION: Head of Kriminal Police Kreis Rendsburg, and permitted to travel anywhere in Prov.

GRÜNDE
REASONS: Schleswig Holstein and over 80 Kilometers when on duty with Police motor vehicles

Ausstellende Behörde
Issuing Organisation

MILITARY GOVERNMENT 217 DET

Name (Druckschrift) *Name (printed)* W. LAMB Rang *Rank* Major

Unterschrift *Signature* Stammnr. *Serial No.* 306371

MILITARY GOVERNMENT
OF GERMANY

MILITÄRREGIERUNG-BEFREIUNG D 389940 *
MILITARY GOVERNMENT EXEMPTION

Datum der Ausstellung *Date Issued* 9-8-46 Wird unwirksam am *Expires on* 31-12-46.

Name *Name* JÖHNK, Karl

Anschrift *Address* Garten Str. Wohnort *Town* Rendsburg

Ausweiskarte Klasse *Identity Card Type* Police Warrant Nr. *No.* No. 16950.

Unterschrift des Inhabers *Signature of Holder*

ANWEISUNGEN: Diese Befreiung ist im Namen der Militärregierung ausgestellt worden. Sie ist nicht übertragbar, darf nicht abgeändert oder vernichtet werden und ist nur gültig in Verbindung mit der Ausweiskarte des Inhabers. Der Verlust dieser Karte muss der Polizei gemeldet werden. Gefundene oder unwirksam gewordene Karten müssen an die ausstellende Behörde zurückgegeben werden.

INSTRUCTIONS: This exemption is issued by Military Government. It is not transferable, must not be altered or destroyed, and is only valid when used in conjunction with the holder's identity card. The loss of this card must be reported to the police. If found, or on expiration of validity, this card must be returned to the issuing authority.

Ausweis, der für Kriminalbeamte die Ausgangs- und Reisebeschränkung aufhebt und zum Tragen verbotener Gegenstände (Pistole) befugt

Notständen entscheidet er sich für den Schwächeren, bei Unrecht für das Recht. Er hat dafür ein Gespür. Hart ist er, wenn es darum geht, notwendige Maßnahmen durchzuführen. Neben den einzelnen Dienststellen in den Räumen des British Resident, Lieutenant-Colonel C. A. Cornell, der Britischen Militärregierung und des britischen Sicherheitsoffiziers, Major Lamb, haben sich im Haus der Militärregierung am Paradeplatz auch zwei britische Soldaten häuslich niedergelassen. Ihre Unterkunft versehen sie üppig mit Möbeln, die sie aus Wohnungen und Geschäften Rendsburger Bürger, zum Teil mit Drohung und Gewalt, unrechtmäßig requiriert haben. Major Lamb bekommt davon Kenntnis. Er sorgt sofort dafür, daß die Möbel und auch die anderen Sachen wieder an die Eigentümer zurückgegeben und die Übeltäter zur Rechenschaft gezogen werden. Ganz anders verhalten sich zwei deutsche Offiziere. Sie haben von der Militärregierung den Auftrag erhalten, zusammen mit einer kleinen Gruppe britischer Soldaten Häuser in Rendsburg zu beschlagnahmen, die von Angehörigen der Besatzungsmacht bewohnt werden sollen. Bei der Aufgabenerfüllung gehen die beiden deutschen Offiziere im Mai 1945 mit einer kaum vorstellbaren Härte vor.

Die Kriegskasse

Bald kommt es zu den ersten dienstlichen Berührungspunkten zwischen der Kriminalpolizei einerseits und dem Sicherheitsoffizier sowie dem Obersten Britischen Militärgericht andererseits. Ein deutscher Schipper teilt der Kriminalpolizei mit, daß er auf seinem Schiff im Gieselau-Kanal eine Kiste mit Büchern und Geld gefunden hat. Diese stammt von zwei deutschen Offizieren, die er vom Osten nach Schleswig-Holstein gebracht hat. Als sie mit unbekanntem Ziel von Bord gehen, lassen sie ihren Besitz zurück. Die Kriminalpolizei übernimmt an Bord die Geldkiste, in der sich 900 000 Reichsmark und Rechnungsbücher befinden. Vermutlich handelt es sich um die Kriegskasse einer deutschen Wehrmachtseinheit. Auf Anordnung von Major Lamb soll die Kiste dem Obersten Britischen Militärgericht vorgelegt werden, das auf Gut Emkendorf tagt. Die Kriminalbeamten führen diese Anordnung aus, das Gericht tritt zusammen, und die Kripo-Männer müssen das erste Mal in ihrem Leben vor einem britischen Gericht einen Eid auf die Bibel ablegen. Erst dann erfolgt ihre Vernehmung. Bei Abschluß der Verhandlung verkündet der mit einer weißen Perücke und einem schwarzen Talar ausgestattete Richter die Beschlagnahme der Geldkiste als Kriegsbeute. Mit einem Hammerschlag schließt er die Verhandlung.

Waffen bereiten Sorgen

Die britische Besatzungsmacht sammelt Waffen, anderes Kriegsgerät, Kraftfahrzeuge und Wehrmachtsgut ein. Ein Teil der Waffen kommt ins Arsenal und wird dort gesichert. Ein anderer Teil soll auf dem Kamp vernichtet werden. Zu diesem Zweck errichten britische Soldaten dort einen riesigen Scheiterhaufen, zünden ihn an und werfen die Waffen in das Feuer. Die Holzteile verbrennen. Die Metallteile werden durch die Flammen nicht in Mitleidenschaft gezogen. Da die Soldaten der Meinung sind, daß die Waffen nun nicht mehr zu gebrauchen sind, verscharren sie den „Schrott" an Ort und Stelle in den ehemaligen Luftschutzgräben. Nun gehört der Kamp zum Spielgelände der dort wohnenden Jungen und Kinder aus Neuwerk. Neugierig wie sie sind, buddeln sie die Waffen wieder heraus, säubern sie und ziehen dann, wie eine Kampfeinheit, mit geschulterten Waffen und fröhlichem Gesang in Richtung Stadtmitte. In der Hindenburgstraße entwaffnet die sofort alarmierte Polizei die „Streitmacht". Die „Möchtegernsoldaten" werden vor das Oberste Britische Militärgericht gestellt. Die Jungen kommen mit einem „blauen Auge" davon. Für den Dummejungenstreich mit den unbrauchbaren Waffen spricht der Richter gegen sie nur eine eindringliche Verwarnung aus.

Mit den abgegebenen und beschlagnahmten Waffen hat die Britische Militärregierung ihre Last. Man kommt schließlich auf die Idee, sie in den Nord-Ostsee-Kanal zu versenken. Es werden Kastenwagen angefordert, die mit dem Kriegsgerät auf die Fähren Rüsterbergen und Breiholz fahren. In der Mitte des Kanals lassen sie die Waffen ins Wasser kippen. Das ist nicht im Sinne des Kanalmeisters Hans Brodersen. Er beschwert sich und macht darauf aufmerksam, daß eine Gefährdung des Schifffahrtsweges eintreten könnte. Die Folge ist, daß Taucher und Kraftfahrzeuge eingesetzt werden, um das Kriegsgerät wieder zu bergen.

Die Waffen im Arsenal bereiten den Briten und auch der deutschen Polizei große Sorgen. Die Besatzungsmächte sind nicht in der Lage, ausreichende Bewachungskräfte zu stellen, um die requirierten Sachen zu sichern. Jugendliche und Erwachsene, insbesondere Ausländer, erkennen schnell das Sicherheitsloch im Bewachungssystem der Briten. Diese Diebstahlsgelegenheit nehmen sie wahr und stehlen, was ihnen an Jagdwaffen und anderen Sachen gefällt. So auch ein Offizier der ehemaligen deutschen Kriegsmarine, der mit seiner Einheit nach Lohklint verschlagen wurde. Er läßt sich von einem Bauern auf dessen Pferdefuhrwerk mit nach Rendsburg nehmen. Der Landwirt will im Arsenal für seinen Hof bestimmtes Wehrmachtsgut kaufen. Während der Bauer seine Geschäfte erledigt, schaut sich der Mann von der Marine im Arsenal um. Er ist passionierter Jäger. Schließlich findet er einen großen Raum, in dem eine Vielzahl von Waffen asserviert sind. Der Anblick der wertvollen Stücke läßt sein Herz höher schlagen. Als Kenner seines Fachs sucht er sich die beiden besten Jagdwaffen und einen Karabiner heraus und versteckt sie unter seinem Mantel. Die Wachmannschaft hat diese Aktion nicht bemerkt. Seelenruhig steigt der Marineoffizier zu dem Bauern auf das Fuhrwerk und verläßt unbeanstandet das Gelände des Arsenals. Bei seiner Einheit angekommen, macht er einen großen Fehler. Er zeigt die Waffen angeberisch herum und prahlt mit seiner „Heldentat". Unter seinen Kameraden befinden sich einige, die ihm nicht ganz wohlgesonnen sind. Sie zeigen den Vorfall bei der Polizei an. Die Kriminalpolizei bearbeitet den Diebstahl und den unbefugten Waffenbesitz. Die Gewehre werden beschlagnahmt. Der Fregattenkapitän kommt vor das Oberste Britische Militärgericht. Der Richter verurteilt den Angeklagten nicht, wie in diesen Fällen üblich, zum Tode, sondern „nur" zu einer zehnjährigen Freiheitsstrafe. Vermutlich kommt der Richter ebenfalls von der Marine oder er ist auch Jäger, so daß sein Mitgefühl bei der Strafmaßfindung eine Rolle spielt. Dieser Tat ist es zu verdanken, daß ein Konditormeister und Café-Inhaber aus der Königstraße und ein Architekt aus der Königinstraße ihre Waffen, die bereits in der Masse untergegangen waren, später wiederbekommen.

Schwarzhandel

Mit der Not, die sich überall ausbreitet, wächst auch der Schwarzhandel. Der Bahnhofsvorplatz ist tagsüber stets voller Menschen, die etwas verkaufen, kaufen oder tauschen wollen. So mancher erscheint mit Sachen, an denen sein Herz hängt, die er bis zuletzt gehütet hatte, um dafür Lebensmittel oder Bekleidungsstücke zu erhalten. Vielen dieser Menschen geht es nicht um das Geschäft. Sie wollen nur dem Hungertod entgehen. Auch Genußmittel, wie Zigaretten und Alkohol, sind auf dem Schwarzmarkt sehr gefragt. Eine Zigarette kostet 12 Reichsmark. Mütter bringen ihre Raucherkarte dorthin, um Nahrungsmittel oder Textilien für ihren Säugling zu bekommen. Diese Not nutzen gewissenlose Menschen aus und tauschen gefälschte Lebensmittelmarken oder verpackte Scheinlebensmittel gegen das Letzte, was die bedauernswerten Leute anbieten und hingeben. So kommen in kleine Stücke geschnittene

Rendsburg in jenen Tagen: Bahnhofstraße, Ecke Jungfernstieg

Fahrradspeichen als begehrenswerte Feuersteine, mit Tee gefüllte Flaschen als Rum oder Päckchen, gefüllt mit Sägespänen, als echter Tabak auf den Markt. Das größte Geschäft macht ein Lebensmittelkartenfälscher, dem es gelingt, sich von seinem Gewinn aus den unsauberen Geschäften in einer Nachbargemeinde ein Haus zu bauen. Der Handel auf dem schwarzen Markt verstößt gegen die Kriegswirtschaftsverordnung und andere gesetzliche Bestimmungen. Derjenige, der sich dahin begibt, setzt sich der Gefahr aus, bei einer Razzia von der Polizei gefaßt zu werden. Das mitgeführte Tauschgut wird in der Regel beschlagnahmt. Außerdem muß er das Risiko eines Strafverfahrens in Kauf nehmen. Eine unbefriedigende Situation für viele, aber mit diesem Risiko leben alle. Gegen die Personen, die aus der Not ein Geschäft machen, sind die gesetzlichen Bestimmungen die einzigen Waffen der Polizei. Einsätze erfolgen in der Regel mit Kräften der Schutz- und Kriminalpolizei, mit britischen Soldaten und deren Militärpolizei. Letztere übernehmen die Sicherung des Einsatzes. Die festgestellten Straftäter kommen grundsätzlich vor das Britische Militärgericht. Die Anklage vertritt Captain Greenslade vom 217. Military Government Court. Dem Vorsitzenden des Gerichts hat man den Spitznamen Captain Wind gegeben, weil die silbernen Ärmelstreifen seiner Marineuniform in Wellen verliefen. Festgenommene sperrt der Brite in das Militärgefängnis der Eiderkaserne ein, das im Volksmund Kallabusch genannt wird. Auf dem Sektor des Schwarzhandels kommt es auch zu Kapitaldelikten, zum Beispiel zu einem Mord an dem ambulanten Händler Siegfried Weidinger, „Onkel Bibi" genannt. Die Tat geschieht auf dem Spülfeld. Hierbei geht es um die Schwarzmarktware Bohnenkaffee. Oder zu dem Mord an einem kleinen Mädchen namens Karin Thiele aus Fockbek, das wegen einiger Lebensmittelmarken umgebracht wird. Die Lebensmittelkarten werden im Druckhaus Möller in einem käfigartigen Verschlag aus massivem Maschinenmaschendraht gedruckt. Tag und Nacht bewachen Polizeibeamte diesen Ort. Einmal im Monat fahren sie die Lebensmittelkarten in den Kreis und übergeben sie an die Polizeiposten. Diese verwahren das wertvolle Gut sicher im Dienstgebäude und übergeben es erst am Ausgabetag an die örtlich zuständige Verwaltung.

Uniformverbot

So manchen Polizeibeamten bringt der Strafverfolgungszwang in Gewissenskonflikte. Nach den gesetzlichen Bestimmungen ist das Tragen einer Uniform nicht erlaubt. Die Polizei ist somit verpflichtet, gegen Zuwiderhandlungen einzuschreiten, die Uniform in Verwahrung zu nehmen und gegen die Träger ein Strafverfahren einzuleiten. Nun gibt es in dieser Zeit viele Deutsche, die in ihrer Wehrmachtsuniform nach Hause kommen und kein anderes Bekleidungsstück mehr besitzen. Nimmt die Polizei diesen Männern die Uniform weg, dann müßte man sie anschließend nackt oder mit einer Unterhose bekleidet auf die Straße schicken. Die Polizei läßt in diesen Fällen nur die Schulterstücke, die Kokarde an der Mütze und die nationalsozialistischen Embleme entfernen. Auch Orden und Ehrenzeichen sowie Dienstgradabzeichen dürfen nicht mehr getragen werden. Glücklicherweise kommt es hierbei nicht zu Überreaktionen.

Bluttat

Mitte Mai 1945 passiert in Osterrönfeld eine grauenvolle Tat. In dieser Gemeinde gibt es ein Lager mit russischen Kriegsgefangenen. Sie arbeiten bis zur Kapitulation tagsüber bei einzelnen Bauern in und um Osterrönfeld. Nach Kriegsende leben sie in den Tag hinein und warten auf ihren Rücktransport nach Rußland. Aus trockenem, gemahlenem Schwarzbrot, das sie mit Hefe, Zucker und Wasser zum Gären ansetzen, entsteht eine stark wirkende alkoholische Mischung, die zum Lieblingsgetränk der Russen wird. Die Folgen bleiben nicht aus. Am 16. Mai 1945 erscheint einer der ehemaligen Gefangenen auf dem Hof seines früheren Arbeitgebers. Er betritt die Küche, in der sich die Frau des Bauern befindet. In gebrochenem Deutsch verlangt er ein Messer. Die Bäuerin zieht die Schublade des Küchenschrankes auf. Schnell greift der Russe hinein, reißt ein großes Brotmesser heraus und stößt es ihr in den Leib. Tödlich verletzt sinkt die Frau zu Boden. Der Russe zieht das Messer aus dem Körper der Toten heraus und geht mit dem bluttriefenden Mordwerkzeug in der Hand in den Garten des Bauernhauses. Dort hängt die Tochter gerade die Wäsche zum Trocknen auf die Leine. Auch sie sticht er nieder und tötet sie. Immer noch mit dem Messer bewaffnet, begibt er sich abermals ins Haus. In der Diele trifft er auf den Bauern selbst. Mit einem gewaltigen Stich in die Brust bringt der Russe auch ihn um. Damit nicht genug. Im Kuhstall stößt er auf den Arbeitsmann, einen alten Rentner aus Rendsburg. Auch ihn tötet er mit dem Messer. Alsdann läuft er wie ein Amokläufer auf die Straße. Zwischenzeitlich haben Anwohner die in Osterrönfeld stationierten britischen Truppeneinheiten alarmiert. Als sich der Russe den eintreffenden Besatzungssoldaten auf der Straße gegenübersieht, schlitzt er sich selbst mit dem Brotmesser den Bauch auf. Seine Eingeweide quellen aus der gewaltigen Schnittwunde heraus. Er läßt das Messer fallen und drückt mit seinen Händen und Armen die Gedärme in den Bauchraum zurück. Das Blut rinnt ihm zwischen den Fingern hervor und tropft auf die Erde. Er fällt nicht um. Die Soldaten wollen ihn nach Rendsburg abführen, doch keiner mag ihn anfassen. Der Fußmarsch nach Rendsburg beginnt in Osterrönfeld. In der Mitte des Zuges geht der schwerverletzte Russe. Links und rechts neben ihm marschiert jeweils eine Reihe britischer Soldaten. Der Rest der Einheit folgt in geschlossener Formation der Blutspur, die der Russe hinterläßt. Auf der Straßendrehbrücke bricht der Mann zusammen. Ein herbeigerufener Krankenwagen nimmt ihn auf und schafft ihn ins Stadtkrankenhaus. Dort stellt ein Arzt nur noch seinen

Tod fest. Das Motiv dieser Tat ist nicht bekannt. Vielleicht ist die Ursache der übermäßige Genuß des schlechten Alkohols. Vielleicht ist es auch die erlebte Gefangenschaft, die ihn zu dieser Bluttat bringt.

Mord aus Eifersucht

Am 20. Mai 1945, es ist ein Sonntag, klingelt es frühmorgens beim Leiter der Kriminalpolizei. Vor der Haustür steht Major Lamb mit einem Kommando britischer Soldaten. Über einen Dolmetscher gibt er zu verstehen: „Mister Jöhnk, ziehen Sie sich an, wir haben einen Mord zu klären!" Mit einer Schreibkraft und einigen Kriminalbeamten schließt sich dieser dem Kommando an. Die Fahrt geht nach Timmaspe. Die Ermittlungen, die dort die Kriminalpolizei mit Unterstützung der Schutzpolizei und den britischen Kräften durchführt, ergeben folgende Feststellungen:

Die Russin Tekla S., 24 Jahre alt, kommt 1943 als Fremdarbeiterin nach Deutschland. In Timmaspe arbeitet sie bei einem Bauern. Sie lernt in der Ortschaft den Russen Mietka K. kennen und verliebt sich

PLEASE ADMIT BEARER (KRIMINAL POLICE [illegible])
TO MIL GOV PRISON FOR PURPOSE OF INTERVIEWING
PRISONERS WHEN NECESSARY.

MILITARY GOVERNMENT
16 JUN 1945
217
DET

MAJOR.
COMMANDING 217 (K) MIL GOV DET.

Ausweis, der zum Betreten des Zuchthauses Rendsburg befugt

in ihn. Tekla ist nicht nur temperamentvoll, sondern auch hochgradig eifersüchtig. Ihr wird zugetragen, daß ihr Geliebter mit anderen Mädchen ein Techtelmechtel hat. Am Donnerstag, dem 17. Mai 1945, trifft sich Tekla abends mit ihm. Sie gehen zum Iloo-Forst. Unterwegs kommt es zwischen beiden wegen seiner Seitensprünge zum Streit. Der Russe nimmt eine Pistole in die Hand, mit der er herumfuchtelt. Er hatte mit der Waffe vorher wiederholt im Wald Schießübungen abgehalten. Teklas Vorhaltungen weist er lachend zurück. Dieses Verhalten bringt das Mädchen so in Wut, daß es nach der Waffe greift und sie auf ihren Freund gerichtet abdrückt. Ein Schuß löst sich. Mietka K. fällt getroffen zu Boden und stirbt. Das Projektil ist in die Brust des untreuen Liebhabers eingedrungen und führt seinen Tod herbei. Schnell läuft die Täterin zu ihrer Freundin, mit deren Hilfe sie den Toten in einen Graben zieht und ihn mit Tannenzweigen zudeckt. Bei ihrer Vernehmung zeigt Tekla Reue. Sie behauptet, daß sie erst ihn und dann sich erschießen wollte. Man nimmt sie in Untersuchungshaft und liefert sie ins Zuchthaus Rendsburg ein. Am nächsten Tag soll sie nochmals vernommen werden. Groß ist das Erstaunen bei der Kriminalpolizei, als die Justizvollzugsbeamten erklären, daß am Vortage ein russisches Kommando die Täterin in den späten Abendstunden bereits abgeholt hatte. Niemand weiß, was aus Tekla geworden ist.

Der Todesschütze

Der nächste Mord läßt nicht lange auf sich warten. Eine Horde ausländischer Männer hat in Garlbek einen Bauernhof überfallen. Der Bauer will sein Hab und Gut schützen. Eine Waffe besitzt er nicht. Er greift zu seiner Mistforke. Ohne zu zögern erschießen sie den Bauern. Aldann stehlen sie aus dem Stall Gänse und aus einem Vorratsraum Schweinefleisch. Die Kriminalpolizei Rendsburg bietet alles auf, um diesen Mord aufzudecken. Sie verspricht sich von der Aufklärung nicht nur die Überführung der Täter, sondern hofft, daß von der Ermittlung und der Verurteilung dieser Männer eine vorbeugende Abschreckungswirkung für alle, die gleiche oder ähnliche Taten planen, ausgeht. Schließlich gewinnen die Kriminalbeamten Anhaltspunkte dafür, daß die Täter aus dem Uhrenblock der Wrangelkaserne kommen. Die weiteren Nachforschungen führen zu einem Zimmer, in dem elf Ausländer, ehemalige Fremdarbeiter, untergebracht sind. Bei einer intensiven Durchsuchung mit Unterstützung der Schutzpolizei finden die Kriminalisten unter den Fußbodenbrettern das gesamte Stehlgut und eine Pistole, Modell 08.

Diese Aktion wird, wie viele andere der Polizei auch, von einer Einheit britischer Soldaten mit Waffen gesichert. Die Vernehmungen beginnen. Keiner der elf Ausländer will der Todesschütze gewesen sein. Letztlich kommt die Kriminalpolizei auf einen listigen Gedanken. Sie schließt einen Vertrauensmann (V-Mann), der die Sprache der Ausländer beherrscht, in einen Schrank im Vernehmungszimmer. Einer der Verdächtigen wird in diesem Raum abermals vernommen. Wie verabredet, erscheint aus dem Nebenraum plötzlich ein weiterer Kripo-Beamter mit zwei verdächtigen Ausländern. Nach kurzem Gespräch zwischen den Kriminalbeamten verlassen diese das Zimmer. Zurück bleiben die drei Ausländer und der im Schrank lauschende V-Mann. Wie erwartet, entwickelt sich unter den Ausländern schnell eine erregte Auseinandersetzung, bei der auch der Name des Todesschützen fällt. Nach einigen Minuten erscheinen die Kriminalbeamten wieder und bringen die drei Gesprächspartner in Polizeigewahrsam. Der V-Mann macht seine Aussage und nennt den Namen des Täters, der den Bauern erschoß. Die Kripo glaubt, für das Gericht sei der Fall verhandlungsreif und der Todesschütze überführt. Der polnische Rechtsanwalt, der nun hinter dem Schreibtisch im Eckzimmer des ehemaligen Offizierscasinos sitzt, bekommt Einsicht in die Ermittlungsakten der Kriminalpolizei. Er nimmt sich den V-Mann vor, appelliert an seine Vaterlandstreue, erinnert ihn an sein Heimatland, das es in der Geschichte sehr schwer hatte, spricht vom Verrat am Volk und seinen Landsleuten und vieles mehr. Der V-Mann läßt sich beeinflussen, er „fällt um". Es kommt zur Verhandlung vor dem Obersten Britischen Militärgericht im Amtsgerichtsgebäude Rendsburg. Der Gerichtspräsident, ein respekteinflößender souveräner Richter mit weißer Perücke, sitzt hinter seinem Tisch und verfolgt die Verhandlung gegen die elf Räuber, insbesondere gegen den Todesschützen. Die Sache scheint klar, bis der Verteidiger aufsteht und die Ermittlungsmethoden der Kriminalpolizei in aufgebauschter Weise anprangert. Der Richter hört sich das an, läßt den V-Mann vortreten und befragt ihn. Dann vernimmt er noch einmal den sachbearbeitenden Kriminalbeamten. Beide müssen die Angaben des Rechtsanwalts, wenn auch mit bestimmten Abstrichen, bestätigen. Ohne eine weitere Begründung schlägt der Richter mit seinem Hammer auf den Tisch, spricht die elf Täter frei und erklärt die Verhandlung als geschlossen. Vermutlich hatte der Richter die Art, wie die Überführung der Täter erfolgte, nicht anerkannt. Für die Kriminalpolizei ist das ein harter Schlag, er hat sich nicht wiederholt. Der Sicherheitsoffizier, Major Lamb, sorgt dafür, daß die elf Fremdarbeiter zwangsweise in ihre Heimat zurückgeführt werden.

Der Schreibtisch bestimmt ein Schicksal

Am 1. Oktober 1945 löst die Britische Militärregierung den kommissarisch eingesetzten Landrat, Diplom-Kaufmann Otto-Heinz Seybold, ab und ersetzt ihn durch den ehemaligen Landrat des Kreises Rendsburg, Theodor Steltzer. Er will mit seiner Verwaltung das Landratsamt am Paradeplatz, Ecke Königinstraße, beziehen. Die Polizei, die zwischenzeitlich dort ihr Domizil aufgeschlagen hatte, muß weichen. Da zuvor der polnische Rechtsanwalt vom ehemaligen Offizierscasino ins Amtsgerichtsgebäude wechselte, sind dessen Räume frei. So kommt es, daß der Polizei-Distrikt E, die Kriminalpolizei und der Britische Sicherheitsoffizier, Major Lamb, in die Moltkestraße 9 einziehen. Leiter des Polizei-Distrikts E, später Polizeiinspektion Rendsburg, ist seit dem 6. August 1945 der Major der Gendarmerie Anton Bartsch. Er ist ein Polizeifachmann von hohem Format. Seine humorvollen Aussprüche haben meistens einen ernsten Hintergrund, die jeden, der sie hört, zu einem vorsichtigen Lächeln anregen. Bei einer Dienstbesprechung sagt er über das Berufsbild eines Polizeibeamten: „Der Gendarm führt stets eine Aktentasche mit Tintenfaß und einer Lyfeder Nr. 8 mit sich. Muß er eine Strafanzeige aufnehmen, setzt er sich in den Chausseegraben und verrichtet auf den Knien seine schriftlichen Arbeiten. Der Kriminalbeamte ist Tag und Nacht auf Streife, trägt ein Glasauge und einen falschen Schnurrbart. Den Mantelkragen hat er hochgeschlagen. Wird irgendwo eingebrochen, greift er sich den Täter. An der einen Hand angekettet der Festgenommene und unter dem anderen Arm die Beute, so erscheint er in der Dienststelle, wo immer eine Lampe brennt, und sagt: ‚Herr Kommissar, hier bringe ich das Stehlgut und den Täter. Machen Sie weiter, ich gehe wieder auf Streife!'" Solche lustigen Sprüche gibt er oft in seiner ostpreußischen Mundart von sich. Dienstaufsichtsmäßig untersteht ihm auch die Kriminalpolizei. Beide Dienststellen sind im Bereich des Kreises Rendsburg zuständig. Die Kriminalpolizei belegt in dem neuen Gebäude die Zimmer im ersten Stockwerk, der Britische Sicherheitsoffizier das Eckzimmer im Erdgeschoß und die Dienststelle des Polizei-Distrikts E die restlichen Räume. Der Leiter der Kriminalpolizei, der ein Liebhaber von Antiquitäten ist, hatte bereits zu früheren Zeiten ein Auge auf den Schreibtisch geworfen, hinter dem einmal Oberst Christiansen saß. Wie groß ist seine Enttäuschung, als er das Möbelstück nicht mehr vorfindet. Er trommelt seine Männer zusammen und schärft ihnen ein, bei ihren kriminalpolizeilichen Ermittlungen in anderen Strafsachen die Suche nach dem Schreibtisch mit

Der Schreibtisch

einzubeziehen. Dieser Weg führte zum Erfolg. Der Kriminalbeamte Hein Wiele findet den Tisch anläßlich einer Überprüfung im Bordell „Nr. 7“ in der Alten Kieler Landstraße. Ein sehr geschäftstüchtiges Freudenmädchen dieses Etablissements erklärt, sie habe die Antiquität von einem Bezirkshauptmann der Gendarmerie, der mit einem Fuhrwerk angereist war, gegen Pferdefutter eingetauscht. Dieses stammt wiederum aus dem Wehrmachtsmagazin in der Alten Kieler Landstraße. Richtig ist, daß ein solcher Gendarmeriebeamter aus dem Hause Moltkestraße 9 ausgezogen war. Er führte auch Pferd und Wagen mit sich. Die „Dame“ gibt den Schreibtisch dem hocherfreuten Kripo-Chef zurück – ohne Gegenleistung, versteht sich. Da das schöne Möbelstück ziemlich beschädigt ist und Teile der Arbeitsplattenoberfläche an den Kanten abgeblättert sind, gibt er es in die Tischlerei des Zuchthauses Rendsburg, um es aufarbeiten zu lassen. Dort nimmt sich ein tüchtiger „Knastologe“ seiner an. Er klebt eine neue Holzschicht auf die Arbeitsplatte und bessert alle weiteren Schadstellen aus. Nach getanem Werk steht der Schreibtisch abholbereit im Gang der Zuchthausverwaltung. Er erstrahlt in neuem Glanz. Der wegen Mordes zu lebenslangem Zuchthaus verurteilte Tischler hatte mit Akribie saubere Arbeit geleistet. Auch dem Leiter des Zuchthauses fällt die handwerkliche Fähigkeit des Strafgefangenen auf. Er läßt ihn zu sich führen, um ihm ein Lob auszusprechen. Bei einem sich anschließenden Gespräch erklärt der Häftling, daß er nun bereits mehr als 30 Jahre „abgesessen" habe. Für den Leiter ist es unverständlich, daß dieser Mann, der von jedem gut beurteilt wird, noch im Zuchthaus sitzt. Alle anderen „Lebenslänglichen" sind überprüft und, wenn es zu verantworten war, entlassen worden. Er fordert die Akte über den Häftling von der Verwaltung. Ein Vorgang existiert nicht. Nach langem Suchen findet man in einem alten Pappkarton, der bereits für die Verbrennung bestimmt ist, einen zerknitterten DIN-A4-Bogen, auf dem unter anderem der Name des Häftlings steht. Bei dem Papier handelt es sich um ein Formular, das keine Auskunft darüber gibt, warum und

seit wann der Strafgefangene einsitzt. Aus dem Inhalt des Formblattes geht lediglich hervor, daß er zu einem Häftlingstransport gehörte, der 1945 aus dem Raum Sachsen/Thüringen nach Schleswig-Holstein verschubt wurde. Der Leiter des Zuchthauses bittet den Häftling, sich schriftlich mit einer Person in Verbindung zu setzen, die für ihn bürgen und ihn nach einer eventuellen Entlassung aufnehmen würde. Mit Unterstützung des Anstaltspfarrers setzt sich der Tischler sofort mit seinem ehemaligen Arbeitgeber im Rheinland in Verbindung. Es ist die einzige Adresse, die er noch besitzt. Der frühere Chef meldet sich bald und erklärt, daß er sich für den Tischler verbürge und ihm Wohnung und Arbeit biete. Kurz danach wird der Häftling aus dem Zuchthaus Rendsburg entlassen. Ein Schicksal dieser Tage.

Zuchthaus Rendsburg

Polizeidienstgebäude Rendsburg

Rückkehr in die Moltkestraße

Der Schreibtisch kommt wieder in die Moltkestraße 9 zurück, die nunmehr offiziell das Polizeidienstgebäude in Rendsburg ist. Abermals wird das Möbelstück in das Eckzimmer getragen. Major Lamb nimmt es in seinen Besitz. Zu dieser Zeit gehen bei den Britischen Sicherheitsoffizieren zahlreiche Internierungshaftbefehle gegen hohe deutsche Stabsoffiziere ein. Die Festgenommenen werden nach Neuengamme gebracht, dort überprüft und dann, wenn keine Gründe dagegen sprechen, wieder entlassen. Unter den Posteingängen, die Major Lamb durchsieht, befindet sich eines Tages auch ein solcher Haftbefehl gegen den ehemaligen Divisionskommandeur Generalleutnant Wilhelm Richter. Dieser Haftbefehl muß vollstreckt werden. Der Leiter der Kriminalpolizei erhält von Major Lamb den Auftrag, den General vorzuführen. Der Kripo-Chef kommt diesem Auftrag nach. Als Dolmetscher wird der Prokurist der Chemischen Düngerfabrik Rendsburg, Günter Sach, hinzugezogen. Als General Richter mit dem Kriminalbeamten den Raum von Major Lamb betritt, sitzt dieser hinter dem Schreibtisch und bittet den deutschen Offizier, Platz zu nehmen. Ehrerbietig erhebt sich auch Major Lamb zu einem Gespräch mit dem Deutschen. Es ist das erste und einzige Mal, daß Major Lamb einem deutschen Offizier diese Ehre durch seine Geste erweist. Hierzu muß bemerkt werden, daß Richter in Militärkreisen hohes Ansehen genießt und von den Briten als äußerst fähiger und fairer Führer von Kampfeinheiten respektiert wird. Über seine Erfahrungen als Divisionskommandeur hat er später auf Einladung in Großbritannien in Militärakademien vor Kadetten und Offizieren gesprochen. Major Lamb verkündet dem General den Internierungshaftbefehl. Somit muß auch dieser deutsche Offizier die Reise in das Lager Neuengamme antreten. Zu einem späteren Zeitpunkt wird er, der mit seiner Frau Anna-Katharina in Rendsburg wohnt, auf Grund eines französischen Haftbefehls nochmals festgenommen. Viele Jahre später unterhalten sich der General a.D. Wilhelm Richter und der Kriminalhauptkommissar Karl Wilhelm Jöhnk über dieses Erlebnis. Der General meint dazu, ihn habe die Tatsache damals sehr getroffen, daß ihm zweimal ein Haftbefehl ausgerechnet vor dem Schreibtisch verkündet wurde, an dem er vor und während des Zweiten Weltkrieges als deutscher Offizier mit verantwortungsvollen Aufgaben gesessen habe.

Die Blutgruppentätowierung

Auch der Leiter der Kriminalpolizei wird von Major Lamb vor den Schreibtisch zitiert. Der Anlaß: Ein Arzt entfernt in Heide einem deutschen SS-Mann die Blutgruppentätowierung von der Innenseite des linken Oberarms. Wegen dieser Operation wird der Arzt vor das Oberste Britische Militärgericht in Rendsburg gestellt. Es verurteilt ihn zu zehn Jahren Freiheitsstrafe. Der Kripo-Chef regt sich über diese Verurteilung sehr auf. Er kann sich gar nicht beruhigen. Dies wird Major Lamb zugetragen, der wiederum den Kriminalbeamten zu sich befiehlt und ihn auffordert, eine Erklärung abzugeben. Der Kripo-Mann steht vor dem Schreibtisch und sagt, es sei nicht richtig, daß nur SS-Angehörige ihre Blutgruppe auf die Innenseite des linken Oberarms tätowiert bekommen hätten. Alle Polizeibediensteten, so der Kripo-Chef, die sich im Osteinsatz befanden, seien ebenfalls mit diesem Merkmal bedacht worden, desgleichen deutschstämmige Aussiedler aus den Oststaaten. Auch er selbst, so erklärte der Kriminalbeamte, habe eine derartige Tätowierung mit seiner Blutgruppe an seinem linken Oberarm, obgleich er nachweislich zu keiner Zeit Angehöriger der SS war. Man befiehlt ihm, seinen Oberkörper zu entkleiden und die Tätowierung vorzuweisen. Major Lamb ist erstaunt und fühlt sich um eine Erkenntnis reicher. Der verurteilte Arzt verbüßt nur ein Jahr seiner Freiheitsstrafe. Dann wird er entlassen.

Bandenverbrechen

In der Wrangelkaserne befindet sich im Uhrenblock das größte Fremdarbeitersammellager im Kreis Rendsburg. Dort werden nicht nur Ausländer und Staatenlose aus Rendsburg und Umgebung untergebracht, sondern auch straffällig gewordene Kriminelle aus der amerikanischen, der französischen und der britischen Besatzungszone. Sie alle sollen repatriiert werden. In diesem Sammelbecken von Ausländern tauchen zahlreiche Gewohnheitsverbrecher unter, die Banden bilden und die zu anderen Ausländerlagern Verbindungen unterhalten. Sie verschaffen sich in Strafsachen gegenseitig Alibis und planen gemeinsame Raubzüge unter Einsatz von Schußwaffen, wobei der Tod eines Menschen vorgeplant beziehungsweise billigend in Kauf genommen wird.

Hier die schwersten Taten, die im Kreis Rendsburg in der ersten Zeit nach dem letzten Krieg von Ausländern unter Mitführung von Schußwaffen begangen werden:

Ein Kind wird durch Bauchschuß am 28. August 1945 auf der Rader Insel schwer verletzt

– 28. 8. 45 Raubüberfall auf der Rader Insel, Kind durch Bauchschuß schwer verletzt
– 8. 11. 45 Raubüberfall in Fockbek
– 9. 11. 45 Raub auf der Straße in Achterwehr
– 30. 11. 45 Mord in der Wrangelkaserne, Rendsburg
– 14. 12. 45 Mord und Raub in Helenenruh bei Saatsee, Rendsburg
– 4. 1. 46 Raubversuch in Papenkamp
– 12. 1. 46 fünffacher Mord auf Gut Bossee
– 17. 1. 46 schwerer Diebstahl in Ranzel
– 25. 1. 46 Raub und Vergewaltigung in Rendsburg, Spülfeld
– 31. 1. 46 Raub auf der Straße in Brinjahe
– 31. 1. 46 Raub in Remmels
– 20. 2. 46 Raub in Elsdorf
– 5. 9. 46 Raub in Schwabe bei Rendsburg
– 5. 9. 46 Mord an zwei Polizeibeamten in Rendsburg, Schwebefähre
– 30. 12. 46 Raubversuch in Haby und Holtsee mit Schußwaffengebrauch
– 3. 4. 47 Raub in Haßmoor
– 30. 7. 47 Mord und Raub in Blockshagen.

Diese Aufzählung erhebt keinen Anspruch auf Vollzähligkeit. 30 Jahre hat es im Kreisgebiet Rendsburg kaum einen Mord gegeben. Jetzt kommt es in kurzer Zeit zu 17 Tötungsdelikten. Die Täter gehen bei der Ausführung ihrer Verbrechen kalt und erbarmungslos vor. Sie töten auch dann, wenn für sie keine Notwehrsituation gegeben ist. Die bloße Anwesenheit eines Menschen, der zum Kreis der Geschädigten gehört, egal ob Kind, Jugendlicher oder Erwachsener, ob männlich oder weiblich, genügt, um ihn zu erschießen. Die Schußwaffen haben die Täter in der Regel aus ehemaligen Wehrmachtsbeständen gestohlen. Gelegenheit gibt es dazu vielenorts.

Fünffacher Mord auf Gut Bossee

Am 12. Januar 1946 kommt es auf Gut Bossee zu einer schrecklichen Tat. Bereits Anfang des Jahres haben dort unbekannte Täter versucht, einen schweren Diebstahl auszuführen. Aus nicht bekannten Gründen kam es nicht zu seiner Vollendung. Für die Anwohner auf dem Gut ist dieser Tatversuch wie eine Warnung. Er sagt ihnen, daß sie in der Ziellinie einer Einbrecherbande liegen. Sie rechnen mit einem erneuten unerwünschten Besuch. Aus diesem Grund begibt sich abends der Landarbeiter Jonny Stamp als Verstärkung in das Haus der Familie Ludwig Möller auf Gut Bossee. Auch der Schwager des Hausherrn hält sich am 12. Januar 1946 aus demselben Grund dort auf. Außerdem sind noch der Schwiegervater und der Feldvogt Carl Berli, dieser mit seiner Frau in einer separaten Wohnung, hier untergebracht. Im Schlafzimmer befindet sich außer seinen Eltern der 17jährige Gestütslehrling Wilhelm Möller. Er wird in der Nacht plötzlich durch Geräusche wach. Mit einem Schrei alarmiert er alle Anwesenden im Haus. Sie springen aus den Betten. Aus Angst schreien sie laut. Wilhelm Möller schleicht ans Fenster. Ein Schuß fällt in der Dunkelheit und trifft den Sohn so unglücklich, daß er tot zusammenbricht. Die fünf Täter klettern durch das Fenster in die Wohn- und Schlafräume. Einer von ihnen schreit: „Alles hinlegen!" Als der Hund der Familie Möller die Täter anknurrt, wird er erschossen. Frau Möller springt ins Bett. Einer der Eindringlinge reißt die Decke zurück und erschießt die Frau. Auch Jonny Stamp erhält einen tödlichen Kopfschuß und fällt auf den am Boden liegenden Schwager, der sich vor Angst, auch erschossen zu werden, nicht rührt. Die Mörder übersehen ihn. Der Schwiegervater fleht die Eindringlinge an, die noch Lebenden zu schonen. Ein Täter richtet seine Schußwaffe auf den Bittenden und erschießt auch ihn. Der Feldvogt Berli hat Glück. Als er aus dem Haus flüchtet, versucht einer der Verbrecher, auch ihn umzubringen. Er reißt den Abzugshahn seiner Waffe durch, aber es löst sich kein Schuß: Ladehemmung! Nur diesem Umstand ist es zu verdanken, daß Berli nicht auch noch durch einen Schuß in den Rücken getötet wird. Er kann entkommen. Als die Polizei mit ihren Holzknüppeln, der einzigen Polizeidienstwaffe jener Zeit, am Tatort eintrifft, bietet sich ihr ein grauenhaftes Bild. Es erinnert an den Krieg. Im Wohnzimmer liegt blutüberströmt der tote Schwiegervater. Im Schlafzimmer findet man den erschossenen Gestütslehrling Wilhelm Möller. Die Mutter liegt mit einer großen Schußwunde tot im Bett. Ihr Mann, Ludwig Möller, befindet sich erschossen in ihrer Nähe. Hier trifft man auch auf Jonny Stamp, der in einer großen Blutlache liegt. Er hat einen tödlichen Kopfschuß davongetragen. In der Wohnung Berli krümmt sich die stark blutende 44jährige Ehefrau Berli mit einer Schußverletzung am Boden. Einer der Täter hatte ihr eine Kugel durch beide Oberschenkel gejagt. Als sich die Polizeibeamten näher umsehen, stellen sie fest, daß die Telefonleitung an der Außenwand des Hauses durchtrennt ist. Aus dem Haus, es handelt sich um eine alte Räucherkate, haben die Täter Wurst und Schinken mitgenommen. Der zehnjährige Sohn Max ist nicht verletzt worden. Er hat sich sofort unter seiner Bettdecke versteckt und bleibt dort bis zum Abzug der Täter unbemerkt liegen. Er kommt mit einem Schock davon. Einen der Männer hat er erkannt. Es handelt sich um einen Fremdarbeiter, der früher einmal auf Gut Bossee tätig war und mit den Örtlichkeiten vertraut ist. Zur Beisetzung der Opfer dieser Tragödie erscheint eine kaum zu übersehende Menschenmenge, die den Toten das letzte Geleit gibt. Tiefe Trauer zieht in Bossee ein. Es gibt wohl niemand bei der Beerdigung, der nicht weinen muß. In dieser Strafsache werden zwei Polen festgenommen. Das Oberste Britische Militärgericht verurteilt sie zu einer lebenslangen Freiheitsstrafe. Einige Zeit später wird eine Polin mit einer Schußverletzung ins Krankenhaus Lübeck eingeliefert. Das herausoperierte, aus einer Maschinenpistole verschossene Projektil wird vom Kriminalpolizeiamt Schleswig-Holstein untersucht. Es ist identisch mit einem Geschoß, das aus einer Maschinenpistole am 12. Januar 1946 in der Mordsache in Bossee abgefeuert wurde und Menschen das Leben kostete. Somit liegt der Verdacht nahe, daß der Besitzer der Maschinenpistole auch Mittäter der Bande ist, die auf Gut Bossee fünf Menschen umgebracht hat. In Lübeck wird ein desertierter Soldat ermittelt und festgenommen, dem die Waffe gehört. Er wird nach Großbritannien verschubt und dort verurteilt. Die letzten beiden Täter kommen mit der Polizei in Berührung, als sie weitere Straftaten ausführen. Einer soll in Ratzeburg bei einem Polizeieinsatz erschossen worden sein. Den letzten Verbrecher stellt die Polizei viel später bei der Ausführung eines schweren Diebstahls bei Bad Oldesloe, Kreis Stormarn. Der Pole eröffnet aus seiner Pistole sofort das Feuer auf den Beamten. Der erste Schuß durchschlägt seine Dienstmütze. In Notwehr erschießt der Polizist den Polen.

Ehrenvolle Entlassung

Oberst Christiansen, der ehemalige Kampfkommandant von Rendsburg, erfüllt die restlichen Verwaltungsaufgaben in seiner Amtsstellung als Wehrmachtskommandant. Über seine Tätigkeit stellt ihm das britische 77. Med. Regt. am 2. November 1945 ein Zertifikat aus.

Im Februar 1946 entläßt ihn die Besatzungsmacht mit allen Ehren aus seiner Pflicht. Sie bedankt sich bei ihm mit einem guten Zeugnis. In der Folgezeit will der ehemalige Offizier, dem das Schicksal Rendsburgs in den letzten Kriegsmonaten sehr am Herzen gelegen hatte, mit seiner Familie in dieser Stadt leben. Sie ist ihm zur zweiten Heimat geworden. Doch das Glück währt nicht lange. Wenig später nehmen die Briten auch Oberst Christiansen in Gefangenschaft. Im Lager Putlos/Holstein erkrankt er schwer. Fast der ganze Körper des

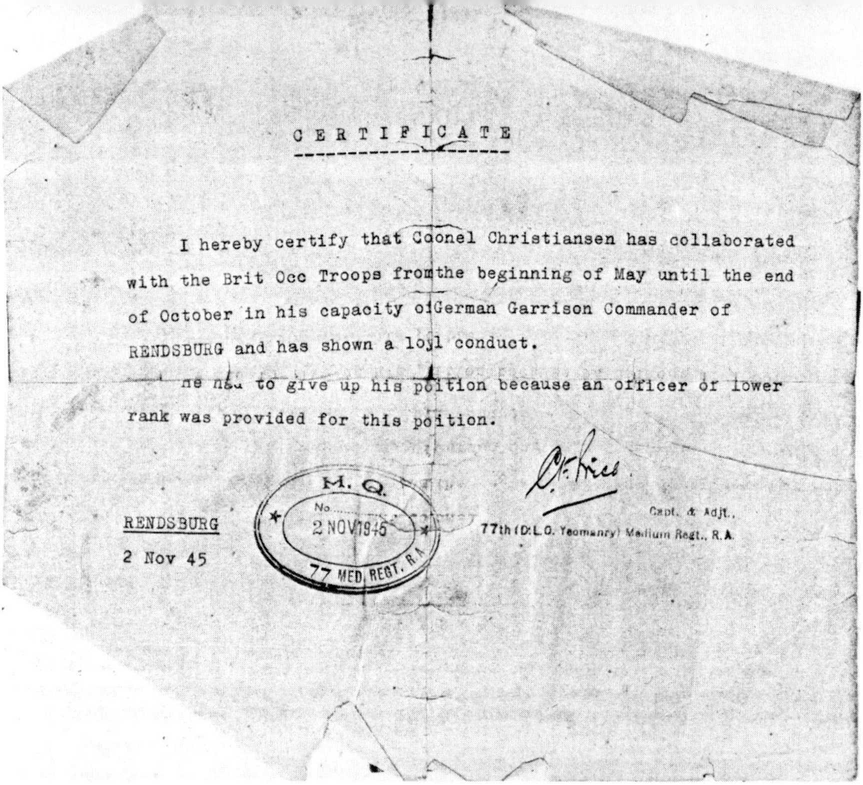
CERTIFICATE

I hereby certify that Coonel Christiansen has collaborated with the Brit Occ Troops fromthe beginning of May until the end of October in his capacity o German Garrison Commander of RENDSBURG and has shown a lojl conduct.

He had to give up his poition because an officer or lower rank was provided for this poition.

H.Q.
No.
2 NOV 1945
77 MED. REGT. R.A.

Capt. & Adjt.,
77th (D.L.O. Yeomanry) Medium Regt., R.A.

RENDSBURG
2 Nov 45

ehemaligen Soldaten ist mit Karbunkeln übersät. Die britischen Ärzte können ihm nicht helfen. Als seine Tochter von dem Gesundheitszustand ihres Vaters erfährt, bemüht sie sich sehr um wirksame Medikamente. Es gelingt ihr, ein entsprechendes Arzneimittel zu bekommen. Nun fehlt noch die Möglichkeit, die Medizin an den Erkrankten heranzubringen. Die tatkräftige Tochter löst auch dieses Problem. Sie nimmt mit der britischen Einheit Kontakt auf, mit der ihr Vater nach dem Krieg zusammengearbeitet hat. Sie schafft es, daß sie und ein Soldat des Sanitätsdienstes im Kofferraum eines britischen Militärfahrzeuges unbemerkt ins Kriegsgefangenenlager eingeschleust werden. Als die Tochter den ersten Schreck über das Krankheitsbild ihres Vaters überwunden hat, zeigt ihr der Sanitäter, wie man mit einer Injektionsspritze umgeht und das Medikament verabreicht. Er kann es sich nicht leisten, noch einmal unter den gegebenen Umständen das Lager aufzusuchen. In der Folgezeit fährt die Tochter noch ein paarmal zu ihrem Vater und spitzt ihm die heilende Medizin. Das Medikament sorgt für eine baldige Besserung. Nach sechs Monaten wird der ehemalige Oberst aus der Kriegsgefangenschaft entlassen. Er begibt sich wieder nach Rendsburg, wo er von seiner Familie freudig erwartet wird. Neue Sorgen kommen auf ihn zu. Er hat kein Geld. Er muß aber seine Familie ernähren. Vom Arbeitsamt Rendsburg wird ihm eine Arbeitslosenunterstützung von wöchentlich 14 Reichsmark für sich und seine Ehefrau zugestanden. Man erlaubt ihm, eine Nebenbeschäftigung mit einem monatlichen Einkommen von höchstens 100 Reichsmark aufzunehmen. Diese Möglichkeit nutzt er und nimmt eine Tätigkeit in Rendsburg bei einer größeren Firma in der Buchhaltung an. Bescheiden lebt er in dieser Zeit mit seiner Familie in der Nähe des Gerhardshains. Der Bürgermeister Rendsburgs, Adolf Steckel, bestätigt Carsten Christiansen am 29. Mai 1948 schriftlich, daß er sich in großem Maße vor Kriegsende für die Erhaltung der Stadt eingesetzt hat.

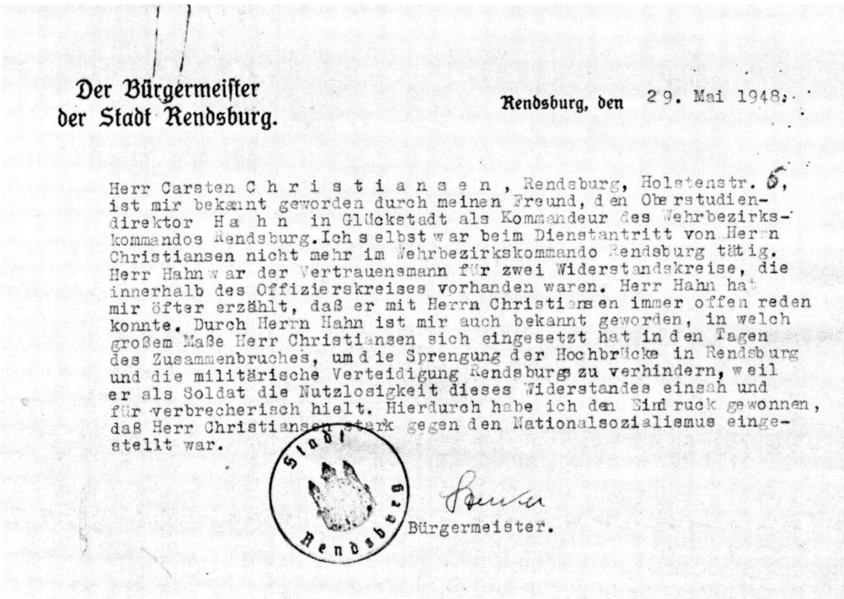

Der Bürgermeister
der Stadt Rendsburg.

Rendsburg, den 29. Mai 1948.

Herr Carsten C h r i s t i a n s e n , Rendsburg, Holstenstr. 6, ist mir bekannt geworden durch meinen Freund, den Oberstudiendirektor H a h n in Glückstadt als Kommandeur des Wehrbezirkskommandos Rendsburg. Ich selbst war beim Dienstantritt von Herrn Christiansen nicht mehr im Wehrbezirkskommando Rendsburg tätig. Herr Hahn war der Vertrauensmann für zwei Widerstandskreise, die innerhalb des Offizierskreises vorhanden waren. Herr Hahn hat mir öfter erzählt, daß er mit Herrn Christiansen immer offen reden konnte. Durch Herrn Hahn ist mir auch bekannt geworden, in welch großem Maße Herr Christiansen sich eingesetzt hat in den Tagen des Zusammenbruches, um die Sprengung der Hochbrücke in Rendsburg und die militärische Verteidigung Rendsburgs zu verhindern, weil er als Soldat die Nutzlosigkeit dieses Widerstandes einsah und für verbrecherisch hielt. Hierdurch habe ich den Eindruck gewonnen, daß Herr Christiansen stark gegen den Nationalsozialismus eingestellt war.

Stadt Rendsburg

Steckel
Bürgermeister.

1948, nach der Währungsreform, wird auch sein ehemaliges Dienstverhältnis als Soldat wirksam: Er erhält die ihm gesetzlich zustehende Pension. Die finanziellen Sorgen sind damit vorbei. Der inzwischen 60 Jahre alt gewordene ehemalige Offizier kann sich nun seinem Hobby widmen. Er beschäftigt sich mit Literatur, insbesondere mit Geschichtswerken, geographischen Abhandlungen und Reiseberichten. Auch der Politik steht er aufgeschlossen gegenüber. Im September 1964 muß er zur stationären Behandlung in ein

Krankenhaus in Kiel eingeliefert werden. Am 20. September 1964 verstirbt der Wahlrendsburger. Er wird in Flensburg in einem Familiengrab beigesetzt. Zwölf Jahre später läßt die Tochter ihren Vater auf den Friedhof in Neukirchen/Holstein umbetten und in der Gruft der Familie von Baudissin-Zinsendorf und Pottendorf beisetzen.

Rendsburg hat damit einen ehrwürdigen Bürger verloren.

Harte Zeiten für die Polizei

Für die Schutzpolizei- und auch die Kriminalbeamten sind die Jahre 1945/46 eine schwere Zeit. Die Schutzpolizeibeamten auf ihren Polizeiposten im Kreisgebiet befinden sich immer im Dienst. Die Beamten bei der Polizei-Abteilung Rendsburg I (Polizei-Wache Rendsburg) leisten täglich ihre reguläre Schicht von acht Stunden. Hinzu kommen Sondereinsätze, die mindestens zweimal wöchentlich nachts über je vier Stunden neben der normalen Dienstzeit abzuleisten sind. Wird der Polizeibeamte während seines Sondereinsatzes mit einem strafbaren Tatbestand konfrontiert, dann muß er alle unaufschiebbaren Ermittlungen und Maßnahmen in dieser Sache tätigen, auch wenn er schon längst Feierabend hat. Bei der Kriminalpolizei läuft es ähnlich. Nur ihre Beamten müssen außerdem noch zum Einsatz, wenn eine größere oder kapitale Strafsache anfällt. Daneben können außergewöhnliche Ereignisse zu weiteren Sonderaufträgen führen. Eine Überstundenvergütung durch Freizeit oder Bezahung gibt es nicht. Dienstfrei ist ein Fremdwort. Wem dieser Zustand nicht paßt, dem wird anheimgestellt, um seine Entlassung nachzusuchen. Der wöchentliche Dienst beläuft sich häufig auf 80 Stunden und mehr. So ist es auch am 4. September 1946. Ein polnischer Gewaltverbrecher ist aus dem Gefängnis in Eckernförde ausgebrochen. Die Polizei löst Großfahndung aus und sichert alle Punkte, die der Täter bei seiner Flucht passieren könnte. Als einzige Waffe führen die Beamten wieder nur ihren Eichenholzknüppel mit sich. Da nicht auszuschließen ist, daß der Ausbrecher den Nord-Ostsee-Kanal überquert, um in Richtung Süden weiterzukommen, werden alle Kanalübergänge besetzt. Gegen Mitternacht teilt ein Anrufer fernmündlich mit, daß zwei bewaffnete Polen in Schwabe bei Jevenstedt einen Raub verübt und dabei vermutlich nur zur Einschüchterung der Geschädigten von der Schußwaffe Gebrauch gemacht haben. Verletzt ist niemand. Die beiden Täter haben die Bewohner des Hauses in einen Raum getrieben, sie dort festgehalten und mit ihren Waffen mehrmals in die Decke geschossen. Mit einem Radio, einer Taschenuhr, 500 Reichsmark und Bekleidungsstücken sind sie dann geflüchtet. Diese neue Lage macht weitere polizeiliche Maßnahmen erforderlich. Es wird unter anderem zusätzlich die Schwebefähre auch an der Südseite von zwei Polizeibeamten aus Osterrönfeld besetzt. Meister der Polizei Friedrich May und Bezirksoberwachtmeister Heinz Ruppel führen als Dienstwaffe ebenfalls nur ihren Polizeiknüppel mit sich. Sie begeben sich in das Häuschen des Fährmannes über der Schwebefähre, von deren Plattform sie nicht zu sehen sind. Mit dem Fährmeister vereinbaren sie, daß er die Fähre etwa 20 m über dem Nord-Ostsee-Kanal in Richtung Nordseite laufen lassen wird, wenn sich Verdächtige auf das Gefährt begeben, und dann stoppt, so daß niemand entweichen kann. Zunächst ist die Nacht ruhig. Gegen 5 Uhr des 5. Septembers 1946 beleben sich die Übergänge am Nord-Ostsee-Kanal in Richtung Stadt Rendsburg. Auch an der Schwebefähre erscheinen die ersten Passanten. Sie ist fast voll, als noch zwei weitere Radler auf die Plattform eilen. Den Polizeibeamten kommen die Radfahrer verdächtig vor. Sie lassen die Schwebefähre in Richtung Norden fahren und nach 20 m, wie verabredet, anhalten. Sie befindet sich hier etwa 4 m über dem Wasserspiegel des Nord-Ostsee-Kanals. Weglaufen können die Verdächtigen nicht. Sie befinden sich in der Falle. Die beiden Polizeibeamten gehen aus dem Steuerhäuschen über die eiserne Treppe zu den Fahrgästen. Sie kontrollieren die beiden Männer und stellen fest, daß es sich bei ihnen um Polen handelt, die das in Schwabe geraubte Radiogerät mitführen. Die Polizeibeamten versuchen, sie in eine Ecke der Fähre zu drängen. Als sich Friedrich May dem einen Polen nähert, schießt dieser durch seine Jackentasche. Schwer verletzt sinkt der Polizist zu Boden. Die Gefahr mißachtend, eilt der Bezirksoberwachtmeister Ruppel auf den Schützen zu, der auf ihn weitere Schüsse abgibt. Der Polizeibeamte kann das Handgelenk des Polen ergreifen und hochreißen. Nochmals drückt der Pole ab und trifft den Kopf des Polizeibeamten. Auch er bricht blutüberströmt zusammen und fällt zu Boden. Die auf der Fähre befindlichen Fahrgäste bewegen sich nicht vom Fleck. Sie haben Angst. Es wagt keiner, den Polizeibeamten zu helfen. Der Fährmeister steuert wieder die Südseite an. Die Täter flüchten. Kurze Zeit danach treffen am Ort des Geschehens Krankenwagen und Polizeiverstärkung ein. Die beiden Polizeibeamten sterben kurz nach ihrer Einlieferung ins Krankenhaus Rendsburg. Die Tat löst in Schleswig-Holstein einen Großeinsatz aus, an dem sich Schutz- und Kriminalpolizei, Soldaten der Besatzungsmacht und die britische Militärpolizei beteiligen. Nach Ansicht der

Kripo ist davon auszugehen, daß sich die Polen mit der Eisenbahn in Richtung Hamburg begeben werden. Unzählige Ausländer werden im Laufe der Nacht überprüft. Im Zuge dieser Aktion kommt es zu mehreren Festnahmen von Straftätern, die wegen anderer Delikte gesucht werden. In Wentorf stellt die Kripo zwei Verdächtige fest, die bei einer Gegenüberstellung als die Personen erkannt werden, die auf der Schwebefähre auf die beiden Polizeibeamten am 5. September 1946 geschossen haben. Durch weitere Ermittlungen schließt die Kriminalpolizei die Beweiskette. Die Überführung der Täter kann als gegeben angesehen werden. Den Schützen verurteilt das Oberste Britische Militärgericht wegen zweifachen Mordes zu einer Freiheitsstrafe von 20 Jahren.

Gewagtes Spiel

Der Kriminalbeamte Hans Schliemann von der Kriminalpolizei Rendsburg ist Kontaktmann zu den Ausländerlagern im Kreis. Daß er bei seinen Ermittlungen manchmal sein Leben aufs Spiel setzt, steht außer Frage. Von einem Vertrauensmann hört er eines Tages, daß mehrere Polen die Absicht haben, in Rendsburg einen Lastkraftwagen zu stehlen und mit dem Fahrzeug zur Amtsverwaltung in Groß Wittensee und zur Meierei in Holtsee zu starten. Aus dem Verwaltungsgebäude wollen sie Schreibmaschinen und aus der Meierei Butter und Käse an sich bringen. Die Kripo-Männer setzen sich zusammen und beratschlagen, was zu machen ist. Sie entschließen sich, die geplanten Taten zu vereiteln. Der V-Mann kommt auf eine Idee, die bedenklich ist und unter Umständen ein böses Nachspiel haben kann. Der Informant, der den Polen bei der Ausführung ihrer Pläne als Fahrer helfen soll, macht den Vorschlag, einen grauen Lkw auf den Schiffbrückenplatz zu stellen. Diesen sollen dann die Polen stehlen und ihn als Tatfahrzeug einsetzen. Woher nun einen grauen Lkw nehmen? Es bleibt den Kriminalbeamten nichts anderes übrig, als den grünen polizeieigenen Wagen grau umzustreichen und einzusetzen. Der Britische Sicherheitsoffizier sagt zu, daß für die Sicherung des Einsatzes Kräfte der Besatzungsmacht zur Verfügung gestellt werden. Mit dem V-Mann spricht die Kripo ab, daß er bei Passieren des zweiten Lauerpostens der Polizei ein verabredetes Signal geben soll, falls die Bande, bestehend aus 13 Mann, Waffen mitführt. Die Vorbereitungen für den Einsatz laufen an. Der diensteigene Lkw wird grau gestrichen. Die Einsatzkräfte stehen fest. Neben Beamten des Polizei-Distrikts E aus Schutzpolizei und Kriminalpolizei und wenigen britischen Besatzungssoldaten aus Rendsburg soll eine Einheit niederländischer Militärpolizisten, die ohne Kampferfahrung sind, aus Jagel anrücken. Hinzu kommt noch Verstärkung vom Landeskriminalpolizeiamt Schleswig-Holstein. Ferner beteiligt sich ein ehemaliger Regierungskriminalrat, der bei der niederländischen Militärpolizei in Jagel als Dolmetscher tätig ist, an dem Vorhaben. Der Tag der geplanten Taten rückt heran. Der graue Lkw wird auf den Schiffbrückenplatz gefahren. Der erste Lauerposten der Polizei nimmt seine Position bei der Ahlmann-Carlshütte in Büdelsdorf ein. Die zweite Gruppe begibt sich zum Wegedreieck Brandheide, ebenfalls in Büdelsdorf. Sechs bewaffnete Militärpolizisten bekommen den Auftrag, in die Amtsverwaltung Groß Wittensee eindringende Täter festzunehmen und zu entwaffnen. Zu ihrer Uniform gehören weißes Koppelzeug, weißer Schulterriemen und weiße Gamaschen, eine für diesen Einsatz denkbar ungünstige Bekleidung. Von außen wird die Amtsverwaltung durch zwei britische Soldaten gesichert. Sie sind mit Maschinenpistolen ausgerüstet. Zu dieser Gruppe gehört auch der Chef der Kripo Rendsburg, der Dolmetscher Sergeant Eßberger, der britische Fahrer von Oberst Cornell und der Kripo-Beamte Johannes Nommensen vom Landeskriminalpolizeiamt Schleswig-Holstein. Ein weiterer Trupp, bestehend aus Kriminalbeamten und zwei britischen Soldaten mit Maschinenpistolen, plaziert sich im Garten des Anwesens. Die Täter haben zwischenzeitlich den Lkw „gestohlen“. Sie klettern auf das Fahrzeug. Zunächst passiert die Bande den ersten Lauerposten. Dann kommt sie zu der zweiten Einsatzgruppe. Es ist ausgemacht, daß der Lkw stoppen soll, wenn die Täter Waffen mitführen. Der Lkw hält nicht. Die Fahrt wird nach Groß Wittensee fortgesetzt. Die Kräfte des zweiten Postens gehen nun davon aus, daß die Täter unbewaffnet sind. Dies ist ein Irrtum. Als der Lkw bei der Amtsverwaltung in Groß Wittensee ankommt, scheint nichts verdächtig. Die Diebe glauben, ein leichtes Spiel zu haben. Vier von ihnen springen von der Ladefäche des Lkw. Sie schleichen in gebückter Stellung an das Haus, durchtrennen die Telefonleitung und drücken die Scheibe des Fensters zum Bürozimmer ein. Dann leuchten sie mit ihren Taschenlampen in den Raum der Amtsverwaltung. Dabei strahlen sie direkt die niederländischen Militärpolizisten mit ihrem weißen Koppelzeug und den weißen Gamaschen an. Sofort fliehen die Täter in Richtung des Lkw. Auf die Rufe der Polizeibeamten, stehen zu bleiben, reagieren sie nicht. Ein britischer Soldat eröffnet mit seiner Maschinenpistole in der Dunkelheit das Feuer. Die Polen schießen zurück. Darauf machen auch die anderen Einsatzkräfte von ihren Schußwaffen Gebrauch. Die Täter entkommen mit dem Lkw in der

Nacht. Der Leiter der Kripo blickt durch das eingedrückte Fenster in die Amtsstube. Dort hocken noch immer die jungen Militärpolizisten. Sie zittern vor Angst. Wie angewurzelt haben sie sich nicht von der Stelle gerührt. In dieser Situation heulen die Luftschutzsirenen in Groß Wittensee. Niemand weiß, wer sie in Betrieb gesetzt hat. Man hat schon vorher die Schießerei im Ort gehört. Die Einwohner springen aus den Betten, ziehen sich an und helfen den Bauern, die Zufahrtsstraßen nach Groß Wittensee mit landwirtschaftlichen Maschinen und Ackerfahrzeugen zu verbarrikadieren. Der Lärm ist auch in Holtsee zu hören. Man weiß also, daß es in Groß Wittensee zu Auseinandersetzungen gekommen ist. Die Einsatzkräfte bei der Großmeierei machen sich bereit. Hans Schliemann, der von den Ausländern der „Kriminal-Hans" genannt wird, hat den ehemaligen Regierungskriminalrat Karl Schulz, Schutzpolizei und niederländische Militärpolizisten bei sich. Die anwesenden Meieristen, alles starke Kerle wie eine Eiche, haben sich in die oberen Räume des Gebäudes begeben. Dort sollen sie in Ruhe der Dinge harren, die da kommen. Die Täter fahren mit ausgeschalteten Scheinwerfern vor das Meiereigebäude. Einige steigen aus, drücken eine Scheibe ein und wollen gerade einsteigen, als sich im Obergeschoß ein Fenster öffnet und ein Meierist, der die Nerven verloren hat, in die Nacht schreit: „Hilfe, Überfall!" Schulz will den Störer des Einsatzes beruhigen. Dabei bricht sich der Meierist den rechten Arm. Die Polen erkennen, daß sie abermals in eine Falle geraten sind, springen auf den Lkw und fahren mit hoher Geschwindigkeit davon. Kurze Zeit später erscheint an der Meierei der V-Mann mit dem Wagen. Seine Landsleute hat er einige Kilometer weiter abgesetzt und ihnen gesagt, daß er in Holtsee „die Lage peilen" wird. Zu den Kriminalbeamten meint der V-Mann: „Was macht Ihr bloß für einen Mist. Soll ich Euch die Kerle noch einmal vorführen?" Und so kommt es. Mit dem V-Mann wird vereinbart, daß er mit seinen Leuten nach Rendsburg zurückfährt. Auf dem Weg sollen dann die Sicherheitskräfte die Tätergruppe zwischen Holtsee und Groß Wittensee stellen. Das Einsatzkommando wird an eine günstige Straßenstelle geführt. Die bewaffneten Niederländer erhalten den Auftrag, den Lkw zu stoppen und die Täter festzunehmen. Schulz meint zu dem Kripo-Chef, daß die Militärpolizisten wohl zu leicht angezogen seien, denn sie frieren, wie man sehen kann. „Nee", sagt Karl Wilhelm Jöhnk, „die zittern nicht vor Kälte, die zittern vor Angst." Bald sind von weitem die Scheinwerfer eines ankommenden Lastkraftwagens auf der Straße zu erkennen. Die niederländischen Militärpolizisten stoppen das Fahrzeug. Verabredungsgemäß wird ein Warnschuß abgegeben, und dann passiert gar nichts. Die Polen laufen wie die Hasen davon und verschwinden in der Dunkelheit. Die Militärpolizisten reagieren nicht. Sie haben Furcht, den Tätern in die Nacht zu folgen. Der durch Sport gestählte unbewaffnete Kriminalbeamte Hans Schliemann läuft hinter einem der Flüchtenden her. Nach etwa 20 Minuten kommt er keuchend mit dem Verfolgten im Armdrehgriff zum Ausgangspunkt zurück. In diesem Augenblick hält ein Polizeifahrzeug neben den Einsatzkräften auf der Straße. Aus dem Dienstwagen steigt Polizeirat Casper, ein höherer Vorgesetzter des Leiters der Kriminalpolizei Rendsburg. Casper befindet sich auf einer Kontrollfahrt. Dem Leiter der Kripo schwant Schreckliches. Ihm fallen sofort alle Sünden ein. Wie soll er seinem Vorgesetzten klarmachen, daß er einen diensteigenen Lkw umstreichen ließ und das Fahrzeug dann auch noch einer polnischen Bande als Diebesbeute präsentierte? Dienststrafverfahren und andere Maßnahmen ziehen an seinem geistigen Auge vorbei. Polizeirat Casper läßt sich über den Einsatz berichten. Plötzlich erkennt er die polizeieigenen Reifen an dem Lkw. Der Kripo-Chef muß nun die Katze aus dem Sack lassen. Casper hört sich die Story an und meint dann: „Ihre Geschichte wird noch ein Nachspiel haben!" Damit steigt er in seinen Dienstwagen und setzt seine Kontrollfahrt fort. Einen völlig verunsicherten Kripo-Dienststellenleiter läßt er zurück. Das Kommando fährt mit dem einen Festgenommenen und dem Lkw nach Rendsburg zurück. Die zehn weiteren Täter, die nun kein Fahrzeug mehr haben, müssen zu Fuß nach Rendsburg kommen. Um 6 Uhr stellt die Kriminalpolizei, verstärkt durch Beamte der Schutzpolizei, in Büdelsdorf bei der Ahlmann-Carlshütte erneut einen Lauerposten. Es ist nicht auszuschließen, daß die Polen versuchen, über die Hollerstraße Rendsburg zu erreichen. Gegen 6.35 Uhr kommt eine männliche Gestalt aus Richtung Eckernförde angehumpelt. Es hat den Anschein, daß sie verletzt ist. Man läßt sie nahe genug herankommen und greift dann zu. Nach dem vielen Pech in der Nacht will man diesen Täter nicht auch noch weglaufen lassen. Bei dem Festgenommenen handelt es sich um den Anführer der Bande, der in Groß Wittensee einen Schuß aus einer Maschinenpistole ins Bein bekommen hat. Wenige Tage nach diesem Einsatz werden zwei weitere Täter ermittelt und festgenommen. Die Gerichtsverhandlung gegen die vier Bandenmitglieder findet vor dem Obersten Britischen Militärgericht in Flensburg statt. Durch die Verlegung des Tagungsortes will man verhindern, daß zahlreiche Ausländer im Gerichtsgebäude erscheinen und die Verhandlung stören. Die vier Angeklagten verurteilt das Gericht zu Freiheitsstrafen von jeweils drei bis vier

Jahren. Gleichzeitig ordnet es die Repatriierung der Verurteilten nach Polen an. Noch einige Zeit bedrückt den Leiter der Kripo das von Polizeirat Casper angedrohte Nachspiel. Aber zum Glück passiert nichts mehr.

Leichenfund

Auch zwischen den rivalisierenden Banden kommt es hier und da zu blutigen Auseinandersetzungen. Im November 1946 bringt der Hund eines Landwirts in seinem Maul den Unterschenkel eines Menschen mit nach Hause und legt ihn auf der Diele im Heu ab. Der Bauer glaubt zunächst nicht richtig zu sehen. Der Unterschenkel ist bekleidet mit einer Wollsocke und einem Militärschnürschuh. Der Landwirt benachrichtigt sofort den Polizeimeister Willi Möller vom Polizeiposten Felde. Dieser meldet den Fund der Kriminalpolizeistelle Rendsburg. Gemeinsam werden die Ermittlungen aufgenommen. Der Landwirt erklärt, daß er auf seinem Acker im Frühjahr beim Ausbringen der Getreidesaat einen neuen, leicht angerosteten Spaten und im Herbst beim Mähen ein noch guterhaltenes Damenfahrrad gefunden habe. Diese Mangelware habe er für sich behalten. Kriminalpolizei und Schutzpolizei suchen das gesamte Gelände ab. Auf dem Acker in einer feuchten Senke, die nicht bewirtschaftet werden kann und die wie eine grüne Insel auf dem grauschwarzen Feld auszumachen ist, ragen aus dem mit Gras bewachsenen Erdboden ein Fuß und die Gesichtspartie eines toten Menschen heraus. Beide Teile sind von Tierfraß gekennzeichnet. Den Ordnungshütern bietet sich kein schöner Anblick. Der Landwirt holt einen Spaten, und die Kriminalbeamten graben den Leichnam aus. Der freigelegte Tote ist mit einer Unterhose und einem Unterhemd bekleidet. Der linke Unterschenkel fehlt. Der rechte Fuß ist mit einer Wollsocke und einem Militärschnürschuh versehen. Um den Hals der Leiche schlingt sich ein lederner Gürtel. Bei einer eingehenden Besichtigung stellen die Kriminalbeamten fest, daß der Tote durch einen Genickschuß ums Leben gekommen ist. Der von dem Hund herangeschleppte Unterschenkel paßt genau zu dem Beinstrumpf an der Leiche. Bei der weiteren Suche auf dem Acker findet man in einem Kaninchenbaueingang eine zusammengerollte britische Militärjacke mit den Rangabzeichen eines Sergeanten und polnischen Emblemen. Danach muß es sich bei dem Toten um einen polnischen Soldaten handeln. Die weiteren Ermittlungen ergeben, daß der Unbekannte bei der Rendsburger Kriminalpolzei als Vermißter gemeldet und registriert ist. Er stammt aus einem polnischen

Kriminalbeamte graben im November 1946 auf einem Acker bei Felde eine Leiche aus

Militärlager bei Sehberg. In der Brusttasche der gefundenen Jacke befindet sich ein Kalenderblatt mit der Aufschrift: „Kronshagener Weg 25". Über diese Anschrift kann in Erfahrung gebracht werden, daß der Pole zu seinen Lebzeiten dort als Schuhmacher gearbeitet hat. Außerdem wird über die Hausbewohner bekannt, daß er mit einer jungen deutschen Frau befreundet war, die sich mit ihrem Kleinkind auf Hof Hammer aufhält. Sie wird ausfindig gemacht und erklärt, daß sie mit dem Polen verlobt gewesen sei, der auch die Vaterschaft für ihr Kind anerkannt habe. Das bei Felde gefundene Damenfahrrad erkennt sie als ihr Eigentum wieder. Über den Spaten kann sie nichts sagen. Der Pole, so sagt sie, hatte sich von ihr mit dem Versprechen verabschiedet, für sich, seine Verlobte und für sein Kind die Einreise nach Polen zu regeln, jedoch sei er nicht zurückgekehrt. Sie glaubt zunächst, daß er alleine nach Polen gefahren ist. Hier stocken die Ermittlungen der Kriminalpolizei. Man kommt nicht weiter. Erst ein Jahr später gewinnt die Kripo Erkenntnisse über eine Verbindung zwischen dem Toten und einigen Polen, die allwöchentlich, immer zum Wochenende, von Meppen mit einem Panzerspähwagen nach Schleswig-Holstein kommen und Kaffee aus den Niederlanden für den schwarzen Markt in Kiel bringen. Sie gehören zu den polnischen Hilfstruppen einer britischen Besatzungseinheit in Meppen. Auf der Rückfahrt soll die Gruppe, bestehend aus drei polnischen Soldaten, zwei in Kiel gestohlene Pkw mit nach Meppen genommen und sie dort bei einem Hehler abgesetzt haben. Bekannt wird auch, daß diese Täter bei ihren „Geschäftsfahrten" stets eine Nacht in Schleswig-Holstein im Lager Jägerslust, Kreis Rendsburg, übernachten. Ein Aufgebot von Schutzpolizei- und Kriminalbeamten sowie bewaffneten britischen Soldaten begibt sich gegenüber vom Lagereingang an einem Wochenende in Lauerstellung. Gegen Mitternacht treffen dort zwei Personenwagen mit Kieler Kennzeichen und der Panzerspähwagen ein. Schlagartig werden die Polen festgenommen. Als einer der Täter flüchten will, schießt Sergeant Eßberger, der Dolmetscher, mit seiner Maschinenpistole in dessen Richtung und trifft die Nase des Polen durch einen Querschläger. Er bleibt sofort stehen. Der obere und mittlere Teil seiner Nase ist nach unten geklappt und blutet stark. Bei der Durchsuchung der drei Festgenommenen findet man bei einem die Papiere des toten polnischen Soldaten. Dieser behauptet, daß er sie als Sicherheit von seinem Landsmann übergeben bekam, als er ihm den Auftrag erteilte, für 10 000 Reichsmark ein paar Zentner Zucker aus Preetz zu besorgen. Das Geld soll der Tote ausgehändigt bekommen haben. Von einem Mord weiß der Verdächtige angeblich nichts. Bei dem Polen wird noch ein größerer Beutel mit Zahngold gefunden. Es handelt sich um herausgebrochene Kronen, Goldbrücken und Gußfüllungen. Angeblich wollen sie das Gold SS-Männern abgenommen haben. Diese Angaben sind nicht zu widerlegen. Die britische Besatzungsmacht übernimmt die weitere Bearbeitung dieses Falles und verschubt den Mordverdächtigen mit den Ermittlungsakten nach Polen.

„Wiedergutmachung"

Den britischen Truppen, die nach Schleswig-Holstein einmarschieren, schließen sich in Brunsbüttel zwei Angehörige der Deutschen Kriegsmarine an. Sie saßen wegen Dienstverfehlungen in Arrest. Den britischen Soldaten, die sie „befreiten", erzählen sie, daß sie im Konzentrationslager gewesen sind und ihre Wiedergutmachung anstreben wollen. Deshalb gestatten die Briten ihnen, auf einem der Panzer die Reise in den Norden mitzumachen. Als sie durch eine größere Gemeinde im Westen des Kreises Rendsburg kommen, beenden sie ihre Fahrt. Die Ortschaft gefällt ihnen, dort wollen sie bleiben. Anspruchslos, wie sie sind, fordern sie keine hohen Positionen im öffentlichen Leben. Der eine wünscht „lediglich" das Amt des Bürgermeisters, der andere will als Polizeibeamter eingesetzt werden. Respektvoll wird den ehemaligen Marinern der Wunsch erfüllt. Nachdem der neue Bürgermeister die ersten Wochen in seinem Amt hinter sich gebracht hat, beschafft er sich einen Lkw, belädt ihn mit wertvollem Wehrmachtsgut und verschwindet in Richtung seiner Heimat, nach Mitteldeutschland. Der Polizeibeamte entthront den bisherigen Amtsinhaber und nimmt dessen Planstelle ein. Von den Aufgaben eines Ordnungshüters hat er nicht die geringste Ahnung. Trotzdem behandelt man ihn mit Samthandschuhen, sogar die Spitze der Polizei. Es stellt sich bald heraus, daß der Neue ein großer „Organisator" ist. Zunächst beschafft er sich einen flotten Sportwagen. Dann sorgt er dafür, daß ihm ständig ein Dolmetscher zur Verfügung gestellt wird. Eines Tages heiratet er. Es gibt eine Hochzeit größeren Stils. Die Liste der Gäste ist lang. Sie reicht vom Chef der Polizei des Landes Schleswig-Holstein bis herunter zu seinem direkten Vorgesetzten. Auch aus dem kommunalen Bereich wird alles, was Rang und Namen hat, eingeladen. Um die Gäste bewirten zu können, spannt er die Schlachter- und Bäckermeister, die Meiereien und die Apotheker ein. Letztere müssen ihm den nötigen Alkohol verschaffen, der dann von einer auswärtigen Firma verschnitten und zu Likör veredelt wird. Es ist eine Traumhochzeit. Nahrungsmittel sind im Überfluß vorhanden. Die Bevölkerung, der diese Art von Lebensmittelbeschaffung nicht zusagt, wagt es kaum, etwas gegen ihn zu unternehmen, denn auch die britische Besatzungsmacht hält schützend ihre Hand über den vermeintlichen KZ-Häftling. Als die Lieferanten von dem Polizeibeamten entgegen seinen Versprechungen weder Lebensmittel noch Geld bekommen, sorgen sie für die Einleitung von kriminalpolizeilichen Ermittlungen. Es wird eine ganze Serie von Betrugsfällen bekannt, die der saubere Polizist begangen hatte. Von der Kriminalpolizei Rendsburg bringen er und sein Dolmetscher durch einen schweren Diebstahl aus dem Asservatenraum der Dienststelle beschlagnahmte Fleisch- und Wurstwaren und eine Schreibmaschine an sich. Die Gläubiger stürmen schließlich das Dienstgebäude des Polizeipostens. Die Kripo Rendsburg nimmt den Schwindler endlich fest. Als der Chef der Polizei des Landes Schleswig-Holstein davon Kenntnis erhält, daß ein sogenannter Wiedergutmacher durch die Kripo festgenommen worden war, sorgt er für die sofortige Freilassung des Übeltäters. Wie vorauszusehen, flüchtet der Möchtegern-Polizist. Alle Fahndungsmaßnahmen nach ihm verlaufen ohne Erfolg. Etwa ein Jahr später kann der Flüchtige beim Überschreiten der Zonengrenze von Ost nach West festgenommen und in Untersuchungshaft gebracht werden. Es kommt zu keiner Gerichtsverhandlung gegen ihn. Auf Grund seines Geisteszustandes wird er in eine Heilanstalt eingewiesen. Dort verstirbt er einige Zeit später.

Rückblick

Lange befindet sich der Schreibtisch nicht in der Obhut von Major Lamb. 1947 bietet er das Möbelstück dem Leiter der Kripo an. Der nimmt das Geschenk hocherfreut an und schleppt es mit Unterstützung seiner Mitarbeiter in den ersten Stock des Polizeidienstgebäudes. Das ist eine Arbeit, die so manchen Schweißtropfen kostet. Obgleich der wuchtige Schreibtisch für das kleine Dienstzimmer des Leiters viel zu groß ist, stellt ihn der neue Benutzer so geschickt auf, daß das Gesamtbild des Zimmers darunter nicht leidet. Von Bildern an der Wand hinter dem Schreibtisch blicken zwei Persönlichkeiten auf den Leiter der Dienststelle, als wollten sie ihn überwachen. Auf dem einen Bild befindet sich der erste Polizeibeamte Rendsburgs. Er heißt Friedrich Dietzel. Die Stadt stellte ihn am 5. November 1873 als Exekutivbeamten ein. Bei ihm handelte es sich um keinen Stadtbüttel, auch um keinen Ausschreier oder einen Nachtwächter, sondern um einen Polizeibeamten preußischer Art mit echten Vollzugsaufgaben. Sein Dienstgrad war Polizei-Sergeant. Das Haar hatte er in Wellen gelegt, seine Frisur würde man heute wieder als modern bezeichnen. Die Ohren waren vom Haar überdeckt. Sein großer Bart reichte ihm bis zur Brust und endete dort in einem horizontal und gerade verlaufenden Schnitt. Als Dienstanzug trug er die Uniform des Infanterie-Regiments 85. Auf der linken Seite seiner Brust prangten auf Höhe des Herzens drei Dienstauszeichnungen. Über

Der erste Polizeibeamte in Rendsburg: Polizei-Sergeant Friedrich Dietzel

sein Leben ist zu sagen: Friedrich Dietzel, geboren am 23. Juli 1842 in Weißensee, verließ 1856 die Schule, nahm bis 1861 eine Musiklehre auf und trat dann am 18. Mai 1861 als Musiker freiwillig in das 4. Pojensche Infanterie-Regiment ein. Am 1. September 1862 erhielt er die Beförderung zum Unteroffizier. Sein Regiment wurde am 13. Dezember 1864 nach Rendsburg verlegt. Er nahm am Feldzug 1866 teil und wechselte danach zum 13. Dragoner-Regiment in Schmiedeberg über. Am 1. August 1867 trat er seinen Dienst beim Infanterie-Regiment 85 in Rendsburg an. 1870/71 wurde er im Krieg gegen Frankreich eingesetzt. Seine Ernennung zum Sergeanten erfolgte am 4. Juni 1871. Im Juli 1872 bewarb sich Dietzel bei der Stadt Rendsburg als Polizei-Sergeant. Den Dienst trat er am

5. Januar 1873 an. Sein Jahreseinkommen belief sich auf 1100 Mark. Am 1. August 1893 schied er aus der Polizei aus. Er verstarb am 10. April 1912 in Rendsburg. Aus dem Rahmen des zweiten Bildes blickt ein schwergewichtiger Herr in Zivil mit stahlharten Augen, in denen sich trotzdem ein Zeichen von Gutmütigkeit widerspiegelt,

Der erste leitende Kriminalbeamte in Rendsburg: Johannes Christiansen

auf den Schreibtisch herab. Er war der erste leitende Kriminalbeamte in Rendsburg. Ein stattlicher Schnurrbart zierte sein wohlgeformtes Gesicht. Ansonsten war er äußerst korrekt gekleidet. Seine Maßanzüge stammten von dem Schneidermeister Hermann Claussen aus der Herrenstraße. Die Krawatte paßte zum Anzug. Der knitterfreie Kragen seines Oberhemdes lugte über der Jacke hervor. Von der Knopfreihe in der Mitte der Weste führte eine dicke goldene Uhrkette zu einer der Taschen und endete dort an einer schweren Taschenuhr. Er hieß Johannes Christiansen und war ein waschechter Schleswig-Holsteiner aus Achtrup, Kreis Südtondern. Die Pistole trug er grundsätzlich in einem ledernen Futteral über der Gesäßtasche. Der Hut allerdings war eine Geschichte für sich. Seine Tochter erzählt, daß alles bei ihrem Vater korrekt war, seine Gesinnung, sein Auftreten, seine Bekleidung, nur sein Hut, der war nach dem Kauf höchstens zwei Tage formschön. Niemand wußte, was er mit seinen Hüten machte. Nach kurzer Zeit sahen die Neuerwerbungen derartig ramponiert aus, als hätte er täglich auf ihnen gesessen. Sie waren ein Anblick des Jammers. Und mit diesen „Modellen" lief der sonst so schneidige Leiter der Kriminalpolizei Rendsburg herum. Vermutlich war dies sein Markenzeichen, wie es bei dem amerikanischen Fernsehkommissar Columbo der zerknitterte Mantel ist. Bereits 1908 trat er seinen Dienst bei der Polizei der Stadt Rendsburg an. Er hatte gerade in Flensburg eine vierjährige Soldatenzeit hinter sich gebracht. Sein bester Freund war sein Schäferhund, mit dem er einen großen Teil der Freizeit verbrachte. Ansonsten war seine Lieblingsbeschäftigung die Arbeit im Garten, den er stets in Ordnung hielt. 1947 verstarb er in Rendsburg als Pensionär. Er war 63 Jahre alt geworden.

Eine Entnazifizierung

Doch zurück in die Nachkriegszeit. In einer Ortschaft im südwestlichen Teil des Kreises Rendsburg, in der die starken Wurzeln der Dithmarscher noch fühlbar sind, lebt einer der ältesten Nationalsozialisten. Er, ein Gast- und Landwirt, soll auch entnazifiziert werden. Schlitzohrig, wie er ist, schreibt er in seinen Fragebogen ein falsches Datum über seinen Eintritt in die NSDAP ein. Damit nicht genug, er rühmt sich der großen Tat auch noch vor seinen Freunden. Dies ist des Guten zu viel. Einer schwärzt ihn schließlich an. Das Oberste Britische Militärgericht zitiert den alten Übeltäter zu sich. Als Beweismittel für ein Gerichtsverfahren liegen dem Richter der Fragebogen des Angeklagten mit den falschen Eintrittsdaten und eine Auskunft aus der Zentralkartei in Nürnberg vor; ferner eine dürftige Aussage des Angeklagten vor der Kripo. Sein Kommentar vor den Kriminalbeamten hatte hauptsächlich aus drei Äußerungen bestanden, die für die Heimat des Angeklagten in einer solchen Situation typisch sind:

„Dat wet ik ni!"

„Dat geit mi nix an!"

„Damit hev ik nix to don!"

Der Richter eröffnet mit einem Hammerschlag die Verhandlung. Der wortkarge Mann muß sich von der Anklagebank erheben. Er stützt sich dabei auf seinen Handstock und sieht den Richter wach und lauernd an, etwa wie der Fuchs sein Opfer. Es entspinnt sich folgender Dialog:

Richter: „Sind Sie der Land- und Gastwirt Holthusen?" *)
Angeklagter: „Ja, der bin ich!"
Richter: „Sind Sie am 17. August 1877 geboren?"
Angeklagter: „Nein, das bin ich nicht!"
Richter: „Wann sind Sie dann geboren?"
Angeklagter: „Am 17. August 1878!"
Richter: „Dann sind Sie nicht der, der in dieser Akte verzeichnet ist?"
Angeklagter: „Nein, der bin ich nicht!"

Richter an Justizwachtmeister: „Machen Sie die Tür auf!" Dieser öffnet die Tür der Anklagebank. „Auch die Tür des Verhandlungssaales. Der Mann kann gehen. Er ist frei!"

Was ist geschehen? Das Geburtsdatum des Land- und Gastwirts deckte sich nicht mit dem des Angeklagten, wie es in der Gerichtsakte angegeben ist. Somit sind für den britischen Richter beide nicht identisch. Die Differenz war durch einen Schreibfehler im Parteiregister 1931/32 entstanden. Eine Verhandlung oder eine Verurteilung findet nicht statt.

*) Name geändert

„Mörder" auf der Drehbrücke

An einem Sonnabend gegen 16 Uhr halten ein britischer Jeep und ein Mannschaftswagen vor dem Haus des Leiters der Kriminalpolizei Rendsburg. Im Jeep sitzen Major Lamb und der Dolmetscher, Sergeant Hammon. Major Lamb läßt dem Kriminalbeamten übersetzen, er solle einsteigen, ein Mörder sei festzunehmen. Voller Spannung nimmt Karl Wilhelm Jöhnk in dem Fahrzeug Platz. Die Fahrt geht zur Straßendrehbrücke. Dort haben Besatzungssoldaten bereits zwei Maschinengewehre in Stellung gebracht. Über den Dolmetscher läßt Major Lamb erklären, daß der Maschinenwärter Fritz Hartmann wegen Mordes festzunehmen sei, der nichtsahnend in seinem Steuerhaus auf der Nordseite sitzt. Der Sicherheitsoffizier holt aus der Brusttasche seiner Jacke ein Schreiben und übergibt es dem Chef der Kripo. Dieser sieht nur das Schriftbild der Verfasserin des Briefes und muß schallend lachen. Major Lamb findet das Verhalten des Beamten respektlos und wird böse. Vielleicht fühlt er sich auch durch das Lachen beleidigt. Jöhnk erklärt dem Major, daß es sich bei der Briefschreiberin um eine ältere Frau aus einer

Nachbargemeinde handelt, deren Sohn im Krieg gefallen ist. Durch den Schock, den die Todesnachricht verursacht hat, ist bei ihr eine Geistesstörung eingetreten. Sie glaubt, daß Hartmann ihren Sohn eingemauert und umgebracht habe. Mit ihrer Behauptung beehrt die bedauernswerte Frau alle erdenklichen Behörden und Ämter in Rendsburg und anderenorts. Ihre stets glaubhaft erscheinende Geschichte bringt manche amtliche Stelle selbst in Verlegenheit. Als der Dolmetscher, den alle für eine waschechten Briten halten, diese Darstellung hört, sagt er zum Erstaunen der Anwesenden: „Da ward de Hund in de Pann verrückt!" Wer wußte schon, daß Sergeant Hammon bis in die dreißiger Jahre als Jacob Hamann in Hamburg lebte und dort aufgewachsen war. Später emigrierte er nach Großbritannien.

Der Sänger vom Paradeplatz

An die Kriminalpolizei werden auch Ereignisse von hilfesuchenden Personen herangetragen, für deren Bearbeitung sie nicht zuständig ist. Der Leiter der britischen Militärpolizei, ein Sergeant-Major, wohnt im Hause Reinhold am Paradeplatz Ecke Prinzessinstraße. Er mag gern einen über den Durst trinken. Wenn er dann gegen Mitternacht einen Schwips hat, öffnet er das Fenster im ersten Stockwerk, setzt sich aufs Fensterbrett und singt laut und sehr weit hörbar zu seiner Handharmonika:
„... denn wir fahren, denn wir fahren, denn wir fahren gegen Engeland, Engeland!" Wenn er von diesem Lied genug hat, erklingt die Weise von der „Lili Marlen". Die Anwohner vom Paradeplatz können wegen des nächtlichen Gesangs nicht schlafen. Besonders böse über den ruhestörenden Lärm ist der Konrektor Söhrensen. Er beschwert sich bei dem Leiter der

Der Sänger Edward

Kriminalpolizei, der damit nichts zu tun hat. Dennoch begibt sich der Kripo-Chef als Freund und Helfer zu nachtschlafender Zeit zu dem Tenor, mit dem er einen guten Kontakt hat, und überzeugt ihn durch eindringliches Zureden, daß es besser ist, die Musikdarbietungen einzustellen.

War es Phosphor?

1948 kommt es in der Gartenstraße in Rendsburg in einem Wohnhaus wiederholt zu Bränden. Die Ausbruchsstellen liegen auf dem Boden, im Treppenhaus, im Stallgebäude und in den oberen Räumen des Dachgeschosses, in denen Flüchtlinge aus dem Osten wohnen. Manchmal entstehen fünfmal am Tag kleine Brände, zu denen die Feuerwehr stets ausrücken muß. Der Schaden, der durch das jeweilige Feuer eintritt, ist nicht groß. Es entflammen plötzlich Handtücher, Decken, Vorhänge und Gardinen. Man entschließt sich, um der Sache auf den Grund zu gehen, Feuerwachen aufzustellen. Kräfte dazu stellen Schutz- und Kriminalpolizei sowie die Feuerwehr. Aus unerklärlichen Gründen beginnt es plötzlich auch hinter dem Rücken der Wachen zu brennen. Schließlich wird die Vermieterin der Wohnung als Tatverdächtige in Haft genommen. Sie will vielleicht, so glaubt man, die Flüchtlinge durch ihr stetes Feuerlegen einschüchtern und zum Ausziehen veranlassen. Obgleich sich die Frau in Untersuchungshaft befindet, geht die Brandserie weiter. Ein findiger Feuerwehrmann kommt auf den Gedanken, daß die Ursache vielleicht Phosphor sein könnte. Der Leiter der Kriminalpolizei setzt sich mit der Ahlmann-Carlshütte in Verbindung und bittet einen Spezialisten für Brandbombenbekämpfung, einen Chemiker, zu sich. Dieser kommt ins Polizeidienstgebäude und bringt eine Flüssigkeit in einer Flasche mit, die sich wiederum in einem Holzschutzkasten befindet. Der Chemiker erläutert, daß es sich bei der Flüssigkeit um eine Phosphorverbindung handelt. Er nimmt einige Lappen, legt sie auf den Schreibtisch des Kripo-Leiters und gibt etwas Flüssigkeit aus der Flasche darauf. Nach kurzer Zeit entzünden sich die Tücher von selbst. Nur mit großer Mühe können die Flammen gelöscht werden. Beinahe brennt dabei die Arbeitsplattenoberfläche des Schreibtisches an. Bei dem Experiment müssen auch einige Tropfen auf den Fußboden gekommen sein. Plötzlich schlagen aus den Fußbodenritzen unter dem Schreibtisch Flammen heraus. Man hat das Gefühl, die Flüssigkeit nicht mehr kontrollieren zu können, sobald sie aus der Flasche fließt. Aber auch dieses Feuer wird gelöscht. Als der Kommissar den Besucher aus dem Haus geleiten will, brennt plötzlich die Tasche seines Mantels, in die er die Flasche mit der Phosphorverbindung gesteckt hat. Das Feuer breitet sich im Nu auf den ganzen Mann aus. Schnell reißt man ihm das brennende Bekleidungsstück vom Körper. Ein größeres Unglück kann gerade noch verhindert werden. Die weiteren Ermittlungen führen zu Verdachtsmomenten gegen die Flüchtlingsfrau. Sie stammt aus vermögenden Kreisen und kann es nicht verstehen, daß sie nun in Armut leben muß. In ihrer Heimat hat sie ein großes Haus geführt und als Pianistin viele Konzerte und andere kulturelle Abende veranstaltet. Jetzt sitzt sie in ihrer ausgebauten Bodenwohnung, linksseitig gelähmt, völlig verbittert, ohne Dienstboten. Keiner nennt sie mehr „gnädige Frau". Ein bedauernswertes Geschöpf. Der Kriminalpolizei gelingt es nicht, die Frau zu überführen. Nach vielen Debatten bringt der Ehemann seine Frau nach Schleswig ins Landeskrankenhaus zur psychiatrischen Behandlung. Einige Zeit später erscheinen sie wieder in Rendsburg und ziehen in einen Wohnwagen am Rotenhöfer Weg. Dort kommt es abermals zu kleineren Bränden. Eines Tages erkrankt die alte Dame und verstirbt in der Nervenklinik Kiel. Mit ihr sterben auch die rätselhaften Brandserien.

„Heil Hitler"

In der Hohen Straße gibt es einen Kaufmann, der seinem Schäferhund in der nationalsozialistischen Zeit beigebracht hat, jeden anzubellen, der „Heil Moskau" sagte. Nun ist der Krieg vorbei und die Zeit der Nationalsozialisten abgelaufen. Der Hund muß umlernen. Der Kaufmann erreichte es wirklich, daß der Hund jetzt bellt, wenn jemand „Heil Hitler" sagt. Der Untermieter des Hundehalters bekommt von dem Dressurakt Kenntnis und teilt ihn dem Besatzungskommando in Rendsburg mit. Vermutlich bauscht der Informant seine Mitteilung entsprechend auf. Der Secret Service nimmt den Kaufmann fest, liefert ihn ins Gerichtsgefängnis ein, verschubt ihn dann nach Gadeland in ein Lager und sorgt erst nach einigen Wochen für seine Entlassung. Den Untermieter, über dessen Vergangenheit nichts bekannt ist, betraut die Militärregierung mit einer Sonderaufgabe. Er soll den Aufbau der Parlamente im Kreis Rendsburg überwachen. Dabei muß er auch politische Versammlungen und Sitzungen der Gemeindevertretungen besuchen und über das Ergebnis seiner Tätigkeiten mündlich berichten. Ein Auto und Benzin, das es nur auf Bezugsschein gibt, bekommt er von der Militärregierung gestellt. Schließlich weist ihm diese auch noch ein Haus in Rendsburg, Röhlingsweg/Ecke Königskoppel, zu. Es kommt zu Beschwerden über den Beauftragten. Die Bürgermeister führen Klage darüber, daß der Bevollmächtige während der Sitzungen und Versammlungen stets schlafe und nach Schluß der Veranstaltungen erst geweckt werden müsse. Major Lamb ist der Mann auch schon aufgefallen. Der Benzinverbrauch des Bevollmächtigten scheint ihm zu hoch. Er beauftragt die Kriminalpolizei, den Mann unauffällig abzuklären. Diese stellt bald fest, daß der Beobachtete rauschgiftsüchtig ist. Außerdem weist man ihm nach, daß er in Neumünster aus der Praxis eines Arztes einen Blanko-Rezeptblock gestohlen und sich mit Hilfe der Rezepte von Apotheken Opiate erschwindelt hat. An einem Sonntag wird er in dem ihm zugewiesenen Haus festgenommen. Bei den weiteren Ermittlungen stellt sich heraus, daß es sich bei dem ehemaligen Untermieter um einen Geisteskranken handelt, der aus der geschlossenen Abteilung des Landeskrankenhauses Schleswig ausgebrochen war.

Währungsreform

Die Versorgungslage ist in Rendsburg, wie anderswo, auch noch 1946/47 denkbar schlecht. Durch die Beschränkung der Industrieproduktion und die Demontage von Fabriken ist eine wirtschaftliche Entwicklung in „Trizonesien" kaum möglich. Arbeitslosigkeit, Geldentwertung und schwarzer Markt verschlechtern die Situation zusehends. Die Tuberkulose greift um sich. Viele Hungertote werden registriert. Nur eine Neubelebung der Wirtschaft, verbunden mit einer Währungsreform, kann Besserung schaffen. In den Geschäften gibt es außer den rationierten Waren bestenfalls kunstgewerbliche Gegenstände, aber die können einen Menschen auch nicht satt machen. Ein halbes Pfund Butter kostet auf dem schwarzen Markt 120 Reichsmark. Ein Bezirksoberwachtmeister der Polizei verdient in dieser Zeit vergleichsweise ganze 170 Reichsmark im Monat. Davon wird ihm noch eine gesetzliche Kürzung von 10,20 Reichsmark abgezogen, so daß er auf ein monatliches Bruttogehalt von 159,80 Reichsmark kommt. Umgerechnet auf Schwarzmarktpreise sind dies 13,31 Zigaretten. Am 20. Juni 1948 ist es dann soweit. Die Westalliierten setzen für ihre Zonen entgegen dem Standpunkt der Sowjetunion eine Währungsreform durch. Diese Aktion stellt die Polizei vor einige Aufgaben. Sie soll das neue Geld am Tage des Umtausches im Kreisgebiet ausfahren und an die Gemeindeverwaltungen aushändigen, damit sie es an die Bevölkerung gegen altes Geld in bestimmter Höhe ausgeben können. An dem alten Schreibtisch schmiedet man Einsatzpläne, um die Kurierfahrten möglichst überfallsicher zu machen. Die Anzahl der einzusetzenden Dienstkraftfahrzeuge ist beschränkt. In der Stunde X rücken alle Polizeifahrzeuge mit schweren Geldkisten aus, gesichert von bewaffneten Polizei- und Kriminalbeamten. Das Ausfahren des Geldes verläuft störungsfrei. Eines der eingesetzten Fahrzeuge bekommt unterwegs einen Achsenbruch. Das bringt einige Probleme mit sich. Die Frage tut sich auf: „Wer soll das bezahlen? Und dann noch mit DM? Und wer ordnet das an?" Die Frage wird dadurch gelöst, daß sich ein Abschleppdienst des Wagens ohne weiteren Auftrag annimmt. Auch in Rendsburg kommt es zu dem ersehnten Geldumtausch. Unter strenger polizeilicher Bewachung kann der Bürger gegen Vorlage seines Personalausweises, Kennkarte genannt, seine Reichsmark in Deutsche Mark einwechseln. Die Höhe des Umtauschbetrages ist begrenzt und beläuft sich auf 40 DM Kopfgeld pro Person. Die Überraschung der Rendsburger ist groß, als schon am Tage nach der Währungsreform in den sonst so leeren Schaufenstern der Geschäfte umfangreiche Warenangebote zu sehen sind. Plötzlich kann man Sachen kaufen, von denen der einzelne bislang nur träumen durfte. Die Kaufleute hatten einen Großteil ihrer Waren gehortet. Sie bringen sie jetzt als eigenes Kapital auf den Markt. Man kann für das neue Geld sofort einkaufen. Damit ist der Erfolg der Währungsreform sichergestellt. Die Aufbauphase beginnt.

Abschied von Major Lamb

Im Jahre 1949 endet das Kommando von Major Lamb als Sicherheitsoffizier in Rendsburg. Seine Abberufung zurück nach Großbritannien führt zu einem kurzen, aber herzlichen Abschied. Man war sich in all den Jahren der Zusammenarbeit nähergekommen. Major Lamb hat bei der Erfüllung seiner Aufgaben durch sein korrektes und zugleich hilfsbereites Verhalten gegenüber den Deutschen das Vertrauen der Rendsburger gewonnen. Sein Nachfolger ist Captain Forscher.

Die Maus

Es passieren auch Sachen, die makaber erscheinen und nachdenklich stimmen, aber einen Teil des kriminalpolizeilichen Alltags ausmachen. Es ist Herbst 1949. Bei der Kriminalpolizei Rendsburg geht die Vermißtenanzeige über einen alten Mann von dem zuständigen Polizeiposten ein. Fahndungsmaßnahmen, Ermittlungen und eingehende Suchaktionen führen nicht zur Feststellung des Vermißten. Zu Beginn der Wintermonate überfluten die Wiesen in der Haaler Niederung. Es setzt schließlich Frost ein. Auf den Wasserflächen bildet sich tragfähiges Eis. Dies ist die Zeit der „Wollpflücker". Sie zupfen vom Stacheldraht der Koppeln die Wolle, die von den Schafen während der Sommermonate dort hinterlassen wird. Plötzlich sieht eine der Pflückerinnen unter der Eisoberfläche das Gesicht eines Menschen. Sie ruft die anderen herbei. Sie können klar erkennen, daß in der Eisschicht ein Toter liegt. Die benachrichtigte Kriminalpolizei rückt sofort mit Sägen, Äxten und anderem Werkzeug an. Man entscheidet sich, den Mann in einem Block aus der Eisfläche herauszusägen, eine mühselige Arbeit. Er wird ins Gaswerk Hohenwestedt transportiert. In dem warmen Werkraum legen ihn die Kriminalbeamten auf den Boden und setzen sich um ihn herum. Ein Kriminalbeamter holt in einem Eimer heißes Wasser und gießt es auf den Eisblock, der langsam zu schmelzen beginnt. Das Gesicht, der Hals und der Hut des Toten, den er auf dem Kopf hat, werden eisfrei. Plötzlich trippelt eine kleine graue Maus auf das Kinn der Leiche, macht dort Männchen und sieht sich um, als will sie sagen: „Was soll die Störung?" Nochmals richtet sie sich auf, als will sie sich verabschieden, und verschwindet ohne Eile. Der Tote ist der Vermißte, der sich im Herbst verlaufen hatte, einen Schwächeanfall bekam, nach hinten fiel und an Herzversagen starb.

SS-Mann wider Willen

An der Südseite der Straßendrehbrücke wohnt ein junger Mann, der einen schweren Unfall erlitt. Durch Windmühlenflügel hatte er eine starke Schädelverletzung davongetragen. Bei der Musterung zur Wehrmacht wird ihm bestätigt, daß er auf Grund des eingetretenen Folgezustandes nicht kriegsverwendungsfähig ist. 1944 erhält dieser Schwerbeschädigte einen Einberufungsbefehl zur SS. Für alle ist dies unverständlich. Der Reichsführer SS und Chef der deutschen Polizei, Heinrich Himmler, hatte dem damaligen Chef der Sicherheitspolizei und des Sicherheitsdienstes, Ernst Kaltenbrunner, schriftlich mitgeteilt, daß nur Freiwillige unter Anlegung eines strengen Maßstabes dort aufgenommen werden können. Die Bewerber müssen „rassisch und weltanschaulich in die SS passen und auch entsprechend der Zahl ihrer Kinder eine wirklich gesunde SS-Sippe garantieren und nicht krank, absterbend und wertlos sein". Eine Prüfung, ob diese Bedingungen erfüllt sind, findet bei dem Einberufenen nicht statt. Der Schwerbeschädigte wird in die SS-Uniform gesteckt und ins Konzentrationslager Mauthausen geschickt. Dort wird er als Lageraufseher eingesetzt. Nach Kriegsende gilt der unfreiwillige SS-Mann zunächst als vermißt. 1949 geht bei der Kriminalpolizei Rendsburg ein Schreiben des Internationalen Militärtribunals in Nürnberg mit dem Ersuchen ein, den Leumund des ehemaligen SS-Mannes bei seinen Angehörigen und bei Bekannten festzustellen. In dem Schreiben kommt auch zum Ausdruck, daß er zum Tode verurteilt worden ist. Zwei Ausländer, die ihm vermutlich nicht wohlgesonnen waren, hatten ihn beschuldigt, einen abgestürzten britischen Flieger in einem Steinbruch erschossen zu haben. Die Anklagebehörde hatte Zweifel an der Richtigkeit der Aussagen der beiden Insassen von Mauthausen. Trotzdem erging das Todesurteil. Auf Antrag des Anklägers wird der Fall nochmals aufgerollt, zumal sich auch die „Verfolgten des Naziregimes" in Nürnberg für den Verurteilten einsetzen. Die ausländischen Zeugen stehen bei der erneuten Verhandlung dem Gericht nicht mehr zur Verfügung. Sie hatten Deutschland bereits verlassen. Das Gericht stützt sich somit auf die alten Aussagen der Belastungszeugen. Schwiegervater und Schwester fahren nach Nürnberg. Sie erleben, wie ihr Verwandter zu einer Freiheitsstrafe auf Lebenszeit verurteilt wird. Zwei Jahre später, die Werft Saatsee hatte ihm seinen alten Arbeitsplatz zugesichert, wird der Verurteilte nach Rendsburg entlassen. Er kommt als gebrochener Mann nach Hause. Mit seinem Schicksal, unschuldig verurteilt worden zu sein, wird er nicht fertig. Er verkraftet es einfach nicht. Nach weiteren zwei Jahren trägt man ihn auf den Friedhof.

„Liebesdienste"

In der Nachkriegszeit breitet sich die Prostitution auch in Rendsburg stark aus. Gefühle werden in Naturalien umgesetzt, aber auch in Geld. In der Schleuskuhle wohnt eine Frau, die einen etwa 30jährigen Freier, einen Seemann, mit in ihre Wohnung schleppt. Es wird zunächst zwischen beiden ein Preis für den „Liebesdienst" ausgehandelt. Sie schlägt 50 DM vor. Der Seelord ist damit einverstanden. Er hat aber nur einen Hundertmarkschein. Für die Frau ist das kein Problem. Sie erklärt ihm, er könne sich schon ausziehen, sie würde den Schein schnell wechseln gehen. Er bleibt in der Wohnung. Seine Erwartungsstimmung kann man sich nur vorstellen, wenn man bedenkt, daß er völlig „ausgehungert" von einer längeren Seereise zurückgekehrt ist. Es vergehen 15 Minuten, die Frau kommt nicht. Es vergeht eine halbe Stunden, von der „Dame" ist noch immer nichts zu sehen. Dem Seemann wird schon etwas kühl. Nach etwa 45 Minuten zieht er sich wieder an und sieht sich in der Wohnung etwas um. Mit Reichtum hat sich die „Dame" wahrlich nicht umgeben. In der Küche stößt er auf einen verhältnismäßig guten Küchenschrank. Kräftig, wie der Seemann ist, nimmt er dessen Aufsatz mit Inhalt auf die rechte Schulter und geht mit dem Möbelstück, in dem es verdächtig klirrt, durch die Holsteiner Straße, über den Schiffbrückenplatz und die Hohe Straße zur Polizeiwache am Torbogen im Alten Rathaus. Unterwegs gibt er unflätige Äußerungen über „die Weiber" von sich. Der Wachhabende, Polizeimeister Friedrich Schreiber, ist nicht wenig erstaunt, als er den Hünen mit dem Küchenschrankaufbau auf der Schulter vor sich sieht. Der Seelord erzählt seine Geschichte und setzt hinzu, daß er das Möbelstück nur als Pfand mitgenommen habe und es nun der Polizei zur Verfügung stelle. Die „Dame", die mit ihrer Tatausführung bei der Polizei schon bekannt ist, wird in einer Kneipe ausfindig gemacht. Sie hatte sich bereits ein neues Opfer geangelt. Den Hundertmarkschein gibt sie dem Seemann zurück. Ihren Küchenschrankaufbau kann sie wieder mit nach Hause nehmen.

Unter falschem Verdacht

Wie in vielen Orten in Schleswig-Holstein liegt auch in einer Gemeinde östlich von Rendsburg eine Einheit der britischen Besatzungsmacht. Ein deutscher Junge von elf Jahren freundet sich mit einigen Soldaten an. Er betätigt sich bei ihnen als Kalfaktor, kauft für sie ein, hält ihre Unterkunft sauber, sorgt für die Wäsche, putzt die Schuhe, bringt die Betten in Ordnung und tut vieles mehr. Dafür kann er bei den Briten essen, darf auch bei ihnen schlafen und bekommt von ihnen Süßigkeiten. Die Mutter wohnt in derselben Gemeinde, der Vater lebt, von beiden getrennt, in einer Nachbargemeinde. Das Kind besucht seine Eltern, wenn es seine Arbeit erlaubt. Eines Tages verschwindet der Junge. In der Gemeinde flüstert man sich zu, daß der Vater ihn umgebracht hat. Einige wollen sogar gesehen haben, wie der Mann das Loch, in das er die Leiche seines Sohnes geworfen haben soll, zuschaufelte. Die Gerüchte und die Verdachtsmomente verdichten sich so, daß die Kripo Durchsuchungen auf dem Grundstück des Vaters durchführt, den Verdächtigen vernimmt und alles versucht, Licht in das Dunkel der vermeintlichen Tat zu bekommen. Auch der Erdboden seines Anwesens wird durch ein Einsatzkommando völlig umgeackert, britische Soldaten werden mit Suchsonden eingesetzt. Sie finden nichts, was auf ein Verbrechen hätte hinweisen können. Das Gerücht bekommt immer wieder neue Nahrung. Hat sich der Vater in seinem Garten mit dem Spaten betätigt, heißt es in der Gemeinde gleich wieder, er habe Spuren der Tat vernichten wollen. Stets muß die Kriminalpolizei ausrücken und Maßnahmen treffen. Letztlich werden die Verdachtsmomente so stark und eindeutig, daß der Untersuchungsrichter den Vater in Haft nimmt. Der bestreitet, seinen Sohn umgebracht zu haben. Ein Motiv ist auch nicht zu erkennen. Da die weiteren Ermittlungen den vorliegenden Verdacht nicht erhärten, wird der Vater nach einigen Wochen wieder auf freien Fuß gesetzt. Die Gerüchte in der Bevölkerung verstummen nicht. Der Mann ist ganz verzweifelt. So geht es jahrelang. Für ihn ist es ein Martyrium. Mehrmals sitzt er vor dem Schreibtisch im Zimmer des Kommissars und beteuert seine Unschuld. Nach zehn Jahren erscheint der Vater beim Kripo-Chef in Rendsburg, in seiner Begleitung befindet sich ein gepflegter junger Mann. Beide nehmen vor dem Schreibtisch Platz. Der Vater berichtet hocherfreut und erleichtert, daß sein Junge nach einem Jahrzehnt wieder nach Hause gekommen und der gegen ihn gehegte Verdacht nun gegenstandslos geworden ist. Der Junge erzählt, daß er damals mit einer britischen Einheit nach Bielefeld gegangen sei. Seinem Vater hatte er nichts von seiner Absicht gesagt. Er fürchtete, daß dieser mit seinem Vorhaben nicht einverstanden gewesen wäre. Als nun die Einheit kurze Zeit später nach Großbritannien verlegt wurde, konnten die britischen Soldaten den Jungen nicht mitnehmen. Sie übergaben ihn dem zuständigen Jugendamt. Dort behauptete er, daß er aus der sowjetischen Besatzungszone komme und nicht wisse, wo seine Eltern seien. Die Behörde stellte ihm einen Personalausweis aus und gab ihn in die Obhut von Pflegeeltern. Nach Abschluß seiner Schulausbildung erlernte er mit gutem Erfolg den Beruf eines Friseurs. Bis zu seinem 21. Lebensjahr stellte ihn das Amtsgericht unter Vormundschaft, aus der er nun entlassen werden sollte. Als er vom Gericht eine amtliche Vorladung erhielt, wußte er nicht, was er machen sollte. Je länger er über seine Vergangenheit nachdachte, um so dringender erschien es ihm, nach Hause zu fahren und um Rat zu fragen. So kamen Vater und Sohn wieder zusammen. Der Kommentar der Denunzianten: „Na ja, es hätte ja sein können!“

Störenfriede

Am 14. August 1949 wird der erste Deutsche Bundestag gewählt. Der Wahlkampf ist zu Ende. Die Bürger sollen nun zur Wahlurne schreiten. Um diese erste Wahl in der britischen, französischen und amerikanischen Zone zu stören, schickt man von der sowjetischen Besatzungszone zahlreiche Agenten in den westlichen Teil Deutschlands. In Schleswig-Holstein tauchen 250 Störenfriede auf, davon etwa 20 in Rendsburg. Man gewinnt den Eindruck, daß die bald erkannten „Einzelkämpfer" sehr unselbständig und schlecht ausgebildet sind. Sie wissen einfach nicht, wie sie ihre Aufgabe hier erfüllen sollen. Sie finden im Westen völlig fremde Lebensumstände vor. Ihnen wird in Rendsburg Gelegenheit gegeben, sich für das mitgeführte Westgeld noch etwas zu kaufen, wie zum Beispiel Oberhemden und Krawatten, und dann werden sie in der Kirche des Zuchthauses Rendsburg untergebracht. Hier ist das Sammelbecken für alle mehr oder weniger aktiv gewordenen Störer aus der sowjetischen Besatzungszone. In der Kirche fühlen sie sich in der Gruppe wieder stark. Zwei Tage nach der Bundestagswahl werden die Ostzonalen über die Grenze in ihre Heimat abgeschoben.

Vatermord

In der Nähe von Bordesholm wohnt auf einem Hof eine Bauernfamilie, bestehend aus Vater, Mutter, Sohn und Tochter. Der Vater ist ein ausgesprochener Tyrann. Er duldet keinen Widerspruch und setzt sich stets lautstark mit absoluter Härte durch. Er drangsaliert die ganze Familie. Die Mutter hat sich bereits von ihrem Mann getrennt und war in ein benachbartes Haus auf der anderen Straßenseite, das aber noch zum Hof gehört, gezogen. Ihre beiden Kinder nimmt sie mit. Besonders gestört ist das Verhältnis zwischen Vater und Sohn. Bei jeder sich bietenden Gelegenheit beschimpft der Vater den Jungen, putzt ihn als Versager und Nichtskönner herunter. Auch wenn der Sohn einmal eine Arbeit besonders gut ausführte, nörgelte der Alte herum. Dann beginnt der Krieg. Der Jungbauer wird eingezogen. Während des Krieges kommt er auch in Urlaub. Als Unteroffizier verlieh man ihm für besondere Tapferkeit vor dem Feind das Eiserne Kreuz II. Klasse. Sein Vater nimmt von ihm gar keine Notiz. Nach Kriegsende kommt der Sohn wieder nach Hause. Er ist reifer geworden, hat Lebenserfahrung gewonnen, er hat sich zu einer selbstbewußten Persönlichkeit entwickelt. Der Sohn hat sehr gewünscht, daß ihn sein Vater nun anerkennen wird. Es kommt aber anders. Seine Hoffnung wird bald enttäuscht. Der Alte verfällt wieder in die früheren Gewohnheiten und beschimpft seinen Sohn wie in alten Zeiten. Zunächst schluckt dieser die entwürdigenden Äußerungen, verarbeiten kann er sie aber nicht. Sie stauen sich bei ihm innerlich auf. Er nimmt sich zusammen. Der Krug ist schließlich bis zum Überlaufen gefüllt. Eines Tages im Jahre 1948 geht in der Wohnung der Mutter ein Ofenrohr kaputt. Der Sohn sucht den Vater auf und erbittet von ihm aus dem verschlossenen Stall ein Ersatzstück. Wieder beginnt der Vater seinen Sohn abzukanzeln, nimmt den Schlüssel und geht mit ihm zum Stall. Hier setzt er die Beschimpfungen fort. Der Sohn ist sehr erregt. Bei ihm setzt plötzlich etwas aus. In äußerster Erregung sticht er mit einem Messer, mit dem er den Ruß aus dem Ofenrohr gekratzt hat, auf seinen Vater ein. Dieser sinkt zu Boden. Wie von Sinnen sticht der junge Mann immer wieder auf das am Boden liegende Opfer ein und bringt ihm insgesamt 17 kräftige Messerstiche im Brustbereich bei. Alsdann schließt der Sohn den Stall ab, geht mit dem neuen Ofenrohrstück in die Wohnung seiner Mutter und erledigt dort die Reparaturarbeiten. Danach kehrt er zum Stall zurück, um zu prüfen, ob sein Vater wirklich tot ist. Dort findet er einen großen Vorschlaghammer, mit dem er dann den Kopf des Vaters völlig zertrümmert. Er verschließt den Stall und wirft Schlüssel und Messer in den Feuerlöschteich. Erst zu diesem Zeitpunkt setzt er Mutter und Schwester von seiner Tat in Kenntnis. Die Haushälterin findet den Ermordeten und benachrichtigt die Polizei. Da Mutter und Sohn wissen, was ihm bevorsteht, packt sie Sachen zusammen, die er für einen Gefängnisaufenthalt benötigt. Als die Kriminalpolizei eintrifft, hat sich der Sohn bereits verabschiedet und ist verschwunden. Bei der ersten Befragung der am Tatort anwesenden Personen fällt ein Verdacht auf die Haushälterin. Sie wird vorläufig festgenommen und nach Nortorf in die Zelle transportiert. Bereits nach einer Fahrt von wenigen hundert Metern springt plötzlich ein Mann aus dem Gebüsch neben der Straße und wirft sich vor den Dienstwagen der Kripo, der sofort stoppt. Der Lebensmüde gibt sich als der Sohn des Toten und zugleich als Mörder seines Vaters zu erkennen. Damit ist die Mordsache schnell geklärt. Das zuständige Amtsgericht erläßt gegen den Täter Haftbefehl. Seine Einlieferung in Untersuchungshaft erfolgt in Rendsburg. Am nächsten Tag schaltet sich Staatsanwalt Dr. Herbert Kühl von der Staatsanwaltschaft Kiel ein. Er kommt nach Rendsburg und will den Häftling sehen. Außerdem soll der Täter von der Kriminalpolizei noch zu einigen Punkten vernommen werden. Die Schreibkraft der Kripo, Fräulein Sonja, bereitet im Vernehmungszimmer des Zuchthauses alles für eine Aussage des Beschuldigten vor. Der Staatsanwalt ist anwesend, und auch der Leiter der Kripo wartet auf den Einsitzenden, der von einem Justizwachtmeister ins Zimmer gebracht wird. Der Täter wirkt ruhig. Er setzt sich auf den Stuhl vor dem Tisch, auf dem die Schreibma-

Kriminal-hauptkommissar Karl-Wilhelm Jöhnk diktiert einen Tatortbericht in einer Mordsache

schine steht. Dahinter sitzt erwartungsvoll Fräulein Sonja. Plötzlich springt der Untersuchungsgefangene auf, erfaßt die Kante des Tisches vor sich, reißt das schwere Möbel hoch und kippt es um. Schreibpapier und Akten fliegen durch die Luft, die Schreibmaschine liegt verbogen auf dem Fußboden, und irgendwo zwischen den umgestürzten Sachen liegt unter dem Tisch Fräulein Sonja. Nur mit Mühe kann sie sich befreien und den Knopf der Alarmklingel erreichen. Der Leiter der Kripo springt sofort auf den Täter zu, umklammert ihn von hinten und hält ihn fest. Die hinzueilenden Justizwachtmeister legen dem tobenden Beschuldigten eine

Zwangsjacke an. Seine Vernehmung ist nicht möglich. Er wird nach Neustadt/Holstein in das feste Haus der Landesheilanstalt verlegt. Wochen später begeben sich Staatsanwalt Dr. Kühl und Karl Wilhelm Jöhnk dorthin. Der Staatsanwalt will eine abschließende Vernehmung des Täters durchführen. Was sie in Neustadt antreffen, ist nicht mehr der große, kräftige Bauernsohn, sondern ein kleines Häufchen Unglück, das in einer Rundzelle sitzt, zwangsernährt werden muß und von seiner Umwelt keine Notiz nimmt. Er ist vernehmungsunfähig. Das Schwurgericht Kiel beschließt in Abwesenheit des Täters dessen Einweisung in eine geschlossene Anstalt auf Lebenszeit.

Vermißte britische Flieger

Im Jahre 1955 erscheinen in den Diensträumen der Kriminalpolizeistelle Rendsburg die Mitglieder einer britischen Familie, die Auskunft über das Schicksal ihres toten Sohnes haben wollen. Es handelt sich um eines der vielen Kriegsschicksale. Bei Haale, Kreis Rendsburg, wird während des letzten Krieges ein britisches Flugzeug mit sieben Mann Besatzung abgeschossen. Fünf können unversehrt, verletzt oder tot geborgen werden, zwei bleiben vermißt. Auch ein Absuchen der Absturzstelle und der näheren Umgebung führt nicht zum Auffinden der beiden Soldaten. 1954 holzen Waldarbeiter eine dichte Tannenschonung bei Haale ab. Im Unterholz finden sie Teile einer britischen Fliegerkombination und Knochen, die von einem Menschen stammen müßten. Die hinzugezogene Kriminalpolizei findet in unmittelbarer Nähe, eingegraben ins Erdreich, die Papiere des Toten. Die Situation läßt den Schluß zu, daß der Soldat beim Abschuß seines Flugzeuges schwer verwundet wurde, aber noch die Kraft hatte, befehlsgemäß seine Papiere zu vergraben. An Ort und Stelle ist er dann verstorben. Papiere, Uniformteile und Knochen sammeln die Kriminalbeamten ein und asservieren sie. Die benachrichtigte britische Kriminalpolizei in Bielefeld holt die Überreste des Toten und schickt sie nach Großbritannien. Bis zu diesem Zeitpunkt lebten die Eltern des Soldaten in Ungewißheit. Sie hofften zwar immer noch auf eine Rückkehr ihres Jungen, aber ihre Zweifel werden immer größer. Es kommt zu einer quälenden Ungewißheit. Durch die Nachricht, daß der Sohn im Krieg gefallen ist, weicht von ihnen die seelische Belastung und macht einer stillen Trauer Platz. Sie bedanken sich bei der Kriminalpolizei Rendsburg und fahren in voller Schicksalsergebenheit wieder nach Hause.

Neuorganisation der Polizei

Im November 1956 befindet sich in den Posteingängen der Kriminalpolizeistelle Rendsburg ein Brief, den der Leiter der Dienststelle an seinem Schreibtisch aufmerksamm liest. Es ist ein Erlaß des Innenministeriums, der die Trennung von Schutzpolizei und Kriminalpolizei bestimmt. Das hat zur Folge, daß die beiden Sparten nicht mehr organisatorisch zusammengefaßt sind, sondern nur noch eine funktionale Integration besteht. Die beiderseitige Kooperation soll weiter gepflegt werden; sie ist auch bei den gleichen Aufgaben unerläßlich. Ein Unterstellungsverhältnis einer Sparte unter die andere gibt es nicht mehr. Aus dem kameradschaftlichen, ja oft freundschaftlichen gemeinsamen Wirken ist im Laufe der Zeit eine nüchterne, zweckbetonte Zusammenarbeit geworden, die jedoch nichts von ihrer Effektivität eingebüßt hat. Man hat in den vergangenen Jahren das Verbrechen bekämpft und wichtige Polizeiaufgaben erfüllt. Die Unterstützung, die von der Schutzpolizei der Kriminalpolizei im Kreis Rendsburg zuteil wurde, war vorbildlich. Man meisterte gemeinsam die Gefahr und freute sich gemeinsam über den Erfolg. Der Kripo-Chef legt den neuen Organisationserlaß in seinen Schreibtisch. Er hat das Gefühl, daß ein Abschnitt seiner dienstlichen Vergangenheit zu Ende geht. Sein direkter Vorgesetzter ist nun nicht mehr der Leiter der Polizeiinspektion Rendsburg, sondern der Leiter der Kriminalpolizeidirektion Schleswig-Holstein Mitte in Kiel. Polizeiinspektion Rendsburg und Kriminalpolizeistelle Rendsburg sind nun gleichrangige Partner, beide sind im Kreisgebiet örtlich zuständig. Diese Neuregelung schließt aber nicht aus, daß die Pflicht der gegenseitigen Unterstützung nach wie vor besteht.

Das „Attentat"

Im März 1959 besucht der Bundesverkehrsminister Dr. Hans-Christoph Seebohm Rendsburg. Anlaß ist das Absenken des Mittelstücks der Röhre für den Tunnel unter dem Nord-Ostsee-Kanal. Den Salonwaggon des Ministers schiebt die Bundesbahn auf den Güterbahnhof. Aus Gründen der Sicherheit wird Dr. Seebohm von der Schutzpolizei und der Kriminalpolizei Rendsburg Personen- und Objektschutz in Greens Hotel gestellt. Der Minister hat hier Zimmer bezogen. Den Salonwagen betreut und bewacht ein Bundesbahnobersekretär. Ganz aufgeregt teilt dieser der Kripo fernmündlich am zweiten Tag des Aufenthalts von Dr. Seebohm mit, daß ein Postbeamter erschienen sei und für den Minister eine Aktenrolle abgeben wollte. Da er vor Anschlägen gewarnt wurde und die Postsendung die Form einer länglichen Bombe aufweist, läßt er die Rolle von dem Postbeamten auf dem Güterbahnhof an einem Ort ablegen, wo sie, falls sie explodieren sollte, keinen Schaden anrichten kann. Die Kriminalpolizei handelt sofort. Der Ablageort der vermeintlichen Bombe wird weiträumig abgesperrt. Ausgerüstet mit einem Fernglas, pirschen sich zwei Kriminalbeamte unter Ausnutzung jeder möglichen Deckung in die Nähe des Objekts. Die „Bombe" liegt glücklicherweise so, daß Absender und Empfänger gelesen werden können. Als die Kripo-Männer dicht genug herangekommen sind, können sie mit Hilfe des Fernglases den Absender entziffern. Es handelt sich bei ihm um einen Rendsburger Bürger aus der Kaiserstraße. Er wird geholt und um Aufklärung gebeten. Ohne zu zögern geht er auf die „Bombe" zu, öffnet die Rolle und bringt eine alte Zeichnung zum Vorschein. Er erklärt, daß er ein alter Techniker sei und in jungen Jahren bereits unter dem Ingenieur Friedrich Voß die Hochbrücke in Rendsburg mitgebaut habe. Die alte technische Zeichnung der Hochbrücke will er Dr. Seebohm als Geschenk zukommen lassen. Am selben Abend bedankt sich der Bundesverkehrsminister bei dem ehemaligen Techniker für das Geschenk.

Neuer Kriegsausbruch

Als beim Tunnelbau das Mittelstück der Röhre in den Kanal abgesenkt wird, befindet sich ein Eisenbieger auf der Baustelle. Am Tage der Feierlichkeiten betrinkt er sich. In seinem Zustand verliert er die Kontrolle über sich. Vermutlich weiß er gar nicht mehr, was er tut. In seinem Zustand, noch im Arbeitsanzug, besucht er in der Stadt mehrere Lokale und spricht weiter kräftig dem Alkohol zu. Dann torkelt er nach Hause, verläuft sich aber. Durch ein großes Loch im Zaun der Eiderkaserne gelangt er auf militärisches Gelände. Er geht in ein Kasernengebäude und betritt dort eine Stube, in der amerikanische Feldwebel schlafen. Von einem Spind nimmt er einen Stahlhelm und setzt ihn sich auf. Aus einem Schrank zieht er eine Maschinenpistole und schlüpft in eine Uniformjacke, nimmt das Koppelzeug lässig unter den Arm und schultert die Waffe. So verläßt er unbemerkt das Kasernengelände. Auf Umwegen taucht er gegen 4 Uhr in der Hohen Straße auf und will die zur Arbeit gehenden Passanten davon überzeugen, daß in Deutschland ein Krieg ausgebrochen sei. Er glaubt, mit dieser Geschichte Angst und Schrecken zu verbreiten. Seine Aktion zeigt nicht den gewünschten Erfolg. Von Polizeikräften wird der „Soldat" festgenommen. Somit sind Ruhe und Ordnung wiederhergestellt.

Straßenraub

Unbekannte Täter überfallen und berauben auf der Straße in Rendsburg vor dem Kino „Schauburg" einen Jordanier, der als Arbeiter beim Tunnelneubau beschäftigt ist. Bei der Aufnahme der Strafanzeige erkärt das Opfer, daß heute sein Glückstag sei. Die geraubten 30 DM drücken ihn nicht so sehr, er hätte weitere 7000 DM bei sich, die von den Tätern nicht entdeckt seien. Er zieht seine Schuhe aus und holt aus dem Strumpf unter der Fußsohle in Zeitungspapier gewickelte 7000 DM hervor. Der Jordanier berichtet, daß für ihn und seine Familie das Unglück unvorstellbar gewesen wäre, wenn die Täter auch den großen Betrag erbeutet hätten. Von seinem Vater hatte er nämlich den Auftrag, für das Geld Ziegen zu kaufen. Ferner muß er seinen Bruder unterstützen, der an der Sporthochschule Köln studiert.

Letzter Fall und Abschied

Auf dem Bahnkörper zwischen den Bahnstationen Osterrönfeld und Schülldorf findet man 1964 einen unbekannten Toten. Er hat sich von einem Zug der Bundesbahn überfahren lassen und muß stückweise geborgen werden. Die Ermittlungen in dieser Leichensache führen nicht zur Identifizierung der Leiche. Der Vorgang wird an das Kriminalpolizeiamt Schleswig-Holstein in Kiel abgegeben. Der Kripo-Leiter behält lediglich eine leere Brieftasche zurück und legt sie in seinen Schreibtisch. Eigenartig ist an dieser Sache, daß das Grab des Toten in Osterrönfeld ständig gepflegt und mit frischen Blumen versehen wird. Die Frage taucht auf, ob der Grabpfleger mit der Leichensache in Verbindung zu bringen ist, vielleicht sogar Schuld an dem Tod des Unbekannten hatte. Bei der Observation des Grabes kann festgestellt werden, daß es von einer tiefgläubigen älteren Dame betreut wird, die es stört, daß sich niemand um die verwahrloste Ruhestätte kümmert. Eine Verbindung zwischen dieser Frau und dem Toten besteht nicht. Die Zeit vergeht. Im August 1968 räumt der Dienststellenleiter seinen Schreibtisch auf. Er bereitet sich auf seine Pensionierung vor. Seinen Arbeitsplatz will er seinem Nachfolger in geordnetem Zustand übergeben. Dabei fällt ihm auch die alte Brieftasche in die Hände. Er will sie zerreißen und wegwer-

Kriminalhauptkommissar Karl Wilhelm Jöhnk wird in den Ruhestand versetzt

fen, denn es ärgert ihn, daß er nicht auch diesen Fall aufgeklärt hat. Er zerrt an der Tasche, aber es gelingt ihm nicht, sie durchzureißen. Schließlich trennt er sie mit einem Messer völlig auseinander. Zwischen Innenfutter und äußerer Lederhülle findet er ein Negativ, auf dem mehrere Personen abgebildet sind. Der Erkennungsdienstbeamte, Wilhelm Hermes, zieht das Negativ ab. Es entsteht ein Lichtbild mit einer Gruppenaufnahme. Der Polizeibeamte von Osterrönfeld wird gebeten, zur Kripo zu kommen. Er erkennt sofort alle abgebildeten Personen. Bis auf einen stammen sie alle aus Osterrönfeld. Dieser eine war nur zu Besuch. Er ist der unbekannte Tote. Angeblich wollte er seine Heimreise antreten und verabschiedete sich von seinen Gastgebern in Osterrönfeld und Schülldorf. Doch dann wählte er den Freitod auf den Schienen. Damit ist für den Leiter der Kripo auch dieser letzte Fall geklärt.

Am 30. August 1968 wird der Leiter der Kriminalpolizeistelle Rendsburg, Kriminalhauptkommissar Karl Wilhelm Jöhnk, nach einem aufreibenden Berufsleben in den wohlverdienten Ruhestand versetzt. Der Leiter der Kriminalpolizei des Landes Schleswig-Holstein überreicht ihm eine Urkunde des Ministerpräsidenten, in der es heißt: „Für die dem deutschen Volke geleisteten treuen Dienste spreche ich ihm den Dank und die Anerkennung des Staates aus.“ Seinen Schreibtisch übergibt der Pensionär seinem Nachfolger, dem damaligen Kriminaloberkommissar Bodo Scibbe.